어떻게 살아야할지 막막할 때 읽는 철학책

어떻게 살아야할지 막막할 때 읽는 철학책

여성의 일상에서 바로 써먹는 철학의 기술 25

오수민 지음

카시오페아
Cassiopeia

사는 게 만만치 않을 때
고개를 들어 철학을 보라

지난 몇 년간 내 핸드폰 메모장에는 나 자신에게 당부하는 말들이 빼곡하게 적혀 있었다. 자기검열 하지 마라, 화가 날 땐 차라리 나가서 뛰고 온 후 다시 생각해라, 내가 경험해서 판단하는 게 진실이다, 누군가에게 잘 보여서 잘되려고 하지 마라 등등. 한 번의 경험 후에 새로운 깨달음이 오면 서둘러 핸드폰을 꺼내 들고 한 줄을 추가한다. 대학교를 졸업할 즈음 그리고 졸업을 한 직후 몇 년 동안은 유난히 고민도 많고 시행착오도 많이 겪었다. 어학 강좌로 치면 인텐시브 과정을 수료한 느낌이랄까. 아마 핸드폰 속 메모가 가장 많이 수정되었던 시기도 이때였을 것이다.

살아온 햇수가 늘어날 때마다 산다는 게 만만치 않다는 생각이 한층 더 공고해진다. 나 하나 간수하기도 힘든데 사람들과 어울려 살아야 하고, 그 와중에 또 잘 살아내고는 싶으니까 고민이 끝없이 차오른다. 그런데 내 고민에 시원한 답을 줄 사람이 마땅치가 않다. 부모님에게 조언을 구하자니 언젠가부터 사고방식에서 차이가 느껴지기 시작했고, 흔히 읽는 자기계발서는 내 연령대에 경험하는 일들과 거리가 있는 내용만 이야기한다. 내가 삶에서 마주하는 어려움은 다름 아닌 내 친구들—지금 나와 같은 사회를 살고 있는, 내 또래의, 나와 같은 여성들—을 만나 털어놓을 때 비로소 공감이 가능해진다. 하지만 우리끼리 해답을 고민해봤자 다들 1회 차 인생인 터라 확신이 서지 않는다.

그래서 할 수 없이 직접 부딪치며 깨달은 '진리'를 메모하기 시작했다. 앞으로 비슷한 일을 겪게 될 때 똑같은 실수를 하지 않도록, 보다 쉽게 만족스러운 결과를 낼 수 있도록, 스스로를 위한 당부의 말을 남기기로 한 것이다. 덕분에 얼마 살지 않은 인생에도 나만의 원칙이 생겼다. 이런 걸 두고 사람들은 '자신만의 철학'이라고 하던가. 가끔 친구들에게 '나만의 철학'을 공유하고 폭발적인 반응을 얻을 때면 그렇게 뿌듯할 수가 없다. 그래그래, 이게 우리 고민의 해답이었어.

그런데 생각해보니까 이거, 진짜 철학에도 있다. 내가 터득한 '나만의 철학'과 맥락과 디테일은 다를지언정 핵심은 일맥상통하는 철학 사상들이 줄을 지어 머릿속에 떠오른 것이다. 순간 뿌듯했다. 내가 찾은 해답을 이름 높은 철학자들이 변호해주는 듯한 기분이 들었기 때문이다. 그러나 이내 아쉬운 마음이 들었다. 이럴 줄 알았으면 진작 철학자들 말 좀 들을걸. 괜히 멀리 돌아왔잖아. 그리고 살짝 기대가 됐다. 내가 터득한 '삶의 철학'이 학문으로서의 철학과 닮아 있다면, 역으로 아직 찾지 못한 해답의 힌트를 철학 속에서 얻는 게 가능할지도 모르니 말이다.

다만 이번에는 그 해답을 공유할 범위를 넓혔다. 내 친구들이 그랬던 것처럼, 나와 비슷한 곳에서 비슷한 시기에 태어나 같은 성별로 살고 있는 이들이라면 나와 같은 고민과 어려움을 안고 있을 것이다. 자고로 여자가 여자를 도와야 하는 법. 퀴즈쇼에서 어려운 문제를 만났을 때 아직 쓸 수 있는 친구 찬스가 남아 있다면, 탈락의 위기를 맞이한 순간 찬스를 쓰고 봐야 하지 않겠나. 친구 찬스를 통해 호출된 친구가 참가자에게 자기가 아는 답을 알려주는 것처럼, 내 경험에 의거해 보다 만족스러운 삶을 사는 데 도움이 되어줄 생각과 방법들을 선별해서 공유하는 것이다. 그리고 그러한 '나만의 철학'과 닮아 있는 철학자들의 생각을 함께 제시하여 참가자가 보다 확신을 가지고 정답을 써낼 수 있도록 한다.

첫 번째 챕터에서는 우선 철학이라는 도구를 사용해서 삶의 문제를 해결해나갈 준비를 한다. '삶에서의 철학 사용법' 같은 것이 있다면 바로 그 사용설명서쯤 될 것이다. 내가 끌어안고 있는 고민의 해답을 철학에서 찾아보는 게 왜 도움이 되는지 이해하고, 논리학 등의 철학적인 사고방식을 통해 내게 다가오는 문제를 다른 각도에서 볼 수 있는 힘을 기르는 것이 목표다.

두 번째 챕터는 그러한 힘을 가지고 본격적으로 내 삶을 정돈하는 시간이다. 현재 내가 삶에서 마주하고 있는 크고 작은 고민들을 해결할 방안이 되어줄 철학 사상들을 담았다. 스스로가 무지하고, 순진하고, 어딘가 하자가 있는 것 같아 고민일 때 그러한 두려움을 멀리 보내버리고, 자신이 목표하는 방향으로 굳건히 나아갈 수 있도록 마음을 잡아줄 생각과 철학 개념들을 엮었다.

세상에 나 혼자만 있다면 내가 갖는 고민이 반의반으로 줄었을 텐데, 우리는 사람들과 부대끼며 살 수밖에 없는 처지이다. 세 번째 챕터는 그래서 타인과의 관계에서 마주하는 갈등과 고민들을 다룬다. 개인적으로 나는 이 파트를 쓰며 그간 내가 사람들과의 관계에서 받았던 상처가 치유되는 기분이 들었다. 본문에서('나도 내 이익을 위해 다른 사람을 이용해야 할까' 편 참조) 철학은 테라피 역할을 할 수 있다고 언급했는데, 정말 그렇더라. 내게 위로를 건네줘서가 아니라 무엇이 맞는지 재차 확인시켜주기 때문에 테라피였다. 본격적으로 사람들과 상호작용을 시작하며 사고방식에 혼란이 오기 쉬운 이삼십 대 여성들이 가장 공감할 만한 주제와 그런 고민에 든든한 버팀목이 되어줄 만한 개념들을 골랐다.

네 번째 챕터는 철학이 주는 꿀팁들이라고 할 수 있겠다. 지금 바로 실천해볼 수 있는 실용적인 팁들로, 나와 타인을 마주하는 과정에서 무심코 잊기 쉬운 실질적이고 사소한 부분들을 재점검해보는 시간이다.

마지막으로는 삶을 바라보는 관점에 한 움큼 여유를 더할 수 있는 생각들을 준비했다. 막막하고 길을 찾을 수 없을 때, 지금 있는 곳에서 더 이상 미래가 보이지 않을 때, 이 챕터를 통해 보다 여유롭고 주체적인 시선으로 세상을 바라보고 또 나아갈 수 있었으면 한다.

대세는 유튜브 알고리즘에, 위키피디아의 집단지성 아닌가. 당신과 같은 곳에서 같은 시대를 살고 있는 내가 인상 깊게 겪은 일들은 당신에게도 페이지를 펼칠 수밖에 없는 흥미로운 일일 수 있고, 내가 모아온 삶의 노하우와 철학자들이 모아온 빅데이터는 분명 당신에게 실질적인 도움이 되어줄 수 있을 것이다. 철학 사상을 알고 싶어서 펼쳤다가 인생의 팁을 얻게 되어도 좋고, 인생의 고민을 안은 채 뭐 좀 얻을 수 있을까 하고 펼쳤다가 철학적 지식을 덤으로 얻어도 좋겠다.

책을 집필하면서 스스로도 체감할 수 있는 변화가 한 가지 생겼다. 예전엔 아무리 열심히 스스로를 향한 당부를 적어두어도 일부러 꺼내서 보지 않으면 금세 잊어버리곤 했다. 그런데 그것을 글로 풀어냄으로써 그리고 이렇게 선보이게 됨으로써 일부러 상기하려고 노력하지 않아도 머릿속에 콕 박혀 스스로에 대한 조언을 지키지 않으려야 지키지 않을 수가 없어졌다. 내가 글을 쓰는 이상 나부터 솔선수범해서 실천해야지 하는 마음이랄까. 감사하게도, 덕분에 이 글의 첫 번째 독자인 나는 이전보다 만족스럽게 살아가고 있다. 매 순간 덜 후회할 수 있는 선택을 하고, 내 행복이 흔들리지 않을 수 있는 정신력을 기른다. 첫 번째 독자에게는 꽤나 유용하게 읽히고 있는 바, 부디 이 책을 정식으로 소개받는 독자 여러분에게도 보다 유려한 삶을 사는 데 도움이 되었으면 하는 바람이다.

Chapter 5. "사는 게 한없이 막막하게 느껴져요"

길을 찾을 수 없을 때 꺼내 보는 철학 기술

Chapter 1.

"내 마음인데 왜
내 마음대로 안 될까?"

나의 문제를
다른 각도에서 보게 하는
철학 기술

위로로는 더 이상
마음이 채워지지 않을 때

●

블레즈 파스칼 Blaise Pascal(1623-1662) 수학과 과학 분야에서 이름을 날린 파스칼이 철학에서까지 거론되는 것은 그의 저작 『팡세』 덕분이다. 『팡세』는 기독교를 변호하는 내용을 담은 짤막한 글의 모음집으로, 파스칼이 죽고 난 뒤 출판되었다. 수학의 확률에서 특출한 재능을 보였던 파스칼은 『팡세』에서도 확률을 이용해 신의 존재를 믿으라며 설득한다. 신의 존재를 증명하는 문제는 철학에서도 전통적으로 중요한 논의거리 중 하나였던 까닭에 그의 이러한 주장은 신학은 물론 철학에서도 주목을 받았다.

정해진 인사말이지만, 요새 내가 특히 진심을 담아 하는 말이 있다. 바로 "좋은 하루 보내세요"라는 인사말. 하루하루 즐거운 일만 가득하면 참 좋을 텐데, 이게 생각보다 쉽지가 않다는 걸 요 몇 년간 깨닫게 된 탓이다. 그래서 말하기 시작했다. 좋아하는 사람들과 함께 시간을 보내다 헤어지게 되는 순간, 멀리서나마 안부를 전하는 친구에게 오늘의 마지막 카톡을 보내는 순간, 그들의 하루가 오늘만큼은 좋은 일만 가득한 채로 무사히 끝나기를 바라면서 인사를 건넨다. "남은 하루 즐겁게 보내."

좋은 하루는 꾸준히 찾아오지만, 그렇다고 매일 빠짐없이 찾아와주는 건 아니다. 가끔은 기분 나쁜 하루나 슬픈 하루를 맞이해야 하는 날도 왕왕 있다. 물론 그런 날이 찾아온다 한들 그다음 날이면 훌훌 털고 일어나 무슨 일 있었냐는 듯 다시 산뜻한 하루를 시작할 수 있다면 내 삶에 들어온 문제들이 그다지 심각하게 느껴지지 않을 것이다. 하지만 어째서인지 살아온 햇수와 비례해 찾아오는 우울한 하루의 무게도 늘어나는 것만 같다. 그래서 훌훌 털고 일어나는 게 점점 늦어진다. 하루 치 문제가 생기면 이틀은 내리 기분이 좋지 않고, 사흘 치 문제가 생기면 일주일은 족히 고민한다. 문제를 해결해야 한다는 압박감에 되레 잘 풀려가고 있는 일에서 화를 자초하게 되는 때도 있다.

그래서 우리는 위로를 찾는다. "오늘 무슨 일이 있었냐면"이라는 말로 가족 또는 친구와 대화를 시작한다. 내게 무례했던 그 사람을 함께 욕해주고, 얼마나 힘들었냐며 내 편을 들어주고, 앞으로 다시는 그런 일이 없을 거라고 안심시켜주는 이 든든한 지원군들은 내가 마주한 문제를 헤쳐 나가는 데 커다란 힘이 되어준다. 그런데 여기에는 문제가 하나 있다. 언제까지고 이들에게 기댈 수는 없다는 것이다.

어느 정도 머리가 커지고 나면 누구나 깨닫게 된다. 남의 감정을 위로해준다는 것이 얼마나 힘들고 에너지 소모가 큰 일인지를. 이걸 알고 나면 더 이상 내가 아끼는 주변 사람들에게 짐을 지우고 싶지 않아진다. 하지만 기분 나쁜 하루 끝에 어딘가 기대고 싶은 것도 변하지 않는 사실. 그래서 다른 방법을 찾는다. 그것이 음식이든, 넷플릭스든, 시발비용이든. 정 안 되면 혼자 침대에서 구르며

엉엉 우는 것이라도.

하지만 암만 침대에서 데굴데굴 굴러봤자 답이 나오는 건 아니다. 아무리 고칼로리 음식을 먹고, 청소년 관람불가 딱지가 붙은 드라마를 정주행한다 해도 마찬가지다. 홧김에 쓰는 돈은 말할 것도 없다. 오히려 미래의 나만 더 힘들게 할 뿐. 아무리 위로를 찾아봐도 내게 닥친 문제는 어서 자신을 해결해달라며 나를 기다리고 있다. 그러니까 우리에겐 다른 방법이 필요하다. 문제 상황을 버티게 해주는 방법이 아닌, 문제를 근본적으로 해결하는 데 도움을 줄 '진짜' 다른 방법이.

블레즈 파스칼의 이름을 들어본 것은 아마 철학에서가 아니라 수학에서였을 확률이 더 클 것 같다. 파스칼은 기하학에서 업적을 남긴 것으로 유명하고, 최초의 계산기를 만든 사람도 파스칼이었다. 심지어 과학책을 펼쳐도 파스칼의 이름이 나온다. 아무튼 이 사람은 보통 천재가 아니어서, 그 많은 분야에서 활약을 하고도 기어코 철학에까지 이름을 남겼다.

파스칼에게 삶에서 가장 중요한 것 중 하나는 신이었다. 그는 정말 엄청나게 독실한 기독교 신자였다. 원래 덕후들은 자기가 좋아하는 거 남도 같이 좋아했으면 좋겠고, 내 최애가 얼마나 예쁘고 잘났는지 머글들도 다 알았으면 좋겠고 하는 것이다. 그런 와중에 누군가 내 최애에게 욕이라도 했다고 생각해보라. "걔 그거 다 보정이야. 실제로는 완전 못생겼던데."

파스칼도 그랬다. 다만 그 대상이 아이돌이 아닌 신이었을 뿐. 파스칼은 신이 없다고 주장하는 무신론자들의 말을 도저히 참을 수가 없었다. 사랑하는 최애가 아이돌이라면 하드 속에 날짜별로 정리해둔 각종 영상과 대포짤을 증거 자료로 내밀어 조목조목 반박할 수 있었을 텐데, 안타깝게도 파스칼이 사랑하는 신은 그런 것을 허하지 않았다. 파스칼은 신의 존재를 믿으라고 무신론자들을 설득하고 싶었지만 그들 앞에 들이밀 만한 물적 증거가 없었던 것이다.

그래서 파스칼은 내기를 하나 제안한다. 그동안 파스칼이 괜히 수학을 열심히 한 게 아니었다. 그는 확률에 강했기 때문이다. 파스칼은 말한다. 당신은 이제 두 가지 선택지 중 하나를 고를 수 있다. 아니, 골라야 한다. 기권은 불가능하다. 두 가지 선택지는 모두 정답일 확률이 50 대 50으로 동일하다. 첫 번째 선택지, 신은 존재한다. 두 번째 선택지, 신은 존재하지 않는다. 당신은 이 상황에서 과연 어느 쪽을 택하겠는가?

그거야 뭐 주관에 따라 둘 중 하나 고르면 끝이지 하고 말하려던 찰나, 파스칼이 몇 마디 덧붙인다. 당신이 만약 신은 존재한다는 선택지를 고른다면 그리고 그것이 당첨 제비라면, 당신은 영원한 행복의 삶을 얻게 된다. 그리고 만약 그게 정답이 아니라 빗나갔다면, 그냥 그뿐이다. 당신이 잃을 것은 아무것도 없다. 이번에는 당신이 두 번째 선택지를 골랐다고 가정해보자. 신이 없다고 생각한 당신은 만약 그것이 사실로 판정됐다 할지라도 별다르게 얻을 건 없다. 신이 존재한다고 판명되는 경우도 마찬가지다.

파스칼은 여기서 무조건 이득인 선택은 첫 번째, 신이 존재한다는 선택을 하는 것이라고 말한다. 설령 두 선택지의 확률이 동일하지 않더라도 무한한 행복의 가능성이 유한한 숫자의 확률을 압도하고도 남을 만큼 크다. 당신이 첫 번째 선택지를 골라서 잃을 것은 아무것도 없다. 오히려 운이 좋다면 상상도 하지 못할 만큼의 이득을 봤으면 봤지.

(

파스칼이 천재이긴 했지만, 신을 향한 무조건적인 사랑으로 인해 본인 논리의 허점을 못 보고 지나친 것인지, 아니면 그가 생각하기엔 너무나 당연한 것이어서 아무렇지도 않게 가정을 하고 넘어간 것인지, 어느 경우든 이러한 제안에는 확실히 문제가 있다.

맨 처음 이 내기를 읽었을 때, 솔직히 말하자면 뭔 김칫국부터 마시고 있냐는 생각이 들었다. 내가 신을 믿었다고 해도 그것을 어여삐 여긴 신이 나에게 무한한 행복을 선사해준다는 것을 어떻게 장담할 수 있단 말인가? 이런 식이라면 그 어떤 반대의 가정도 추가로 붙여 반박할 수 있다. 만약 너무 독실한 신자인 경우 신이 없는 것으로 밝혀지면 크나큰 슬픔에 빠져 삶에서 중대한 손실을 야기하지 않을까, 신은 자애로우니까 자신을 믿은 사람이든 안 믿은 사람이든 모두에게 동일한 보상을 주지 않을까 등등 말이다.

그럼에도 불구하고, 나는 이 내기를 파스칼로부터 빌려오고 싶다. 그리고 제안하고 싶다. 이제 당신은 두 가지 선택지 중 하나를 고를 수 있다. 기권은 마찬가지로 불가능하다. 첫 번째 선택지, 당신 삶에 철학을 끼워 넣는다. 두 번째 선택지, 이번 생에서는 철학하고 영영 인연이 없는 것으로 한다. 그리고 나는 당신이 첫 번째를 선택하기를 적극 추천한다. 왜냐하면 이건 어딘가 수상쩍은 파스칼의 내기와 달리 정말 잃을 게 없는 도박이기 때문이다. 당신은 철학을 통해 당신의 삶에서 실제적으로 유용한 이점들을 많이 얻을 수 있다. 철학은 종종, 아니 어쩌면 꽤 자주 삶에서 마주하는 문제들을 해결할 열쇠가 되어주기 때문이다.

주변 사람으로부터 또는 외부의 무언가로부터 받은 위로는 한시적으로 내게 힘이 되어주기는 하지만 근본적으로 내가 마주한 문제들을 해결해주진 않는다. 그들은 증상을 완화시켜줄 뿐이지, 원인을 치료해주진 못하기 때문이다. 하지만 철학을 공부한다는 것은 이와는 조금 다르다. 이건 마치 검증된 레시피를 참조하듯, 인류가 긴 세월 살아오며 마주해온 각종 문제들에 주로 천재들이 미리 답을 내어놓은 책을 읽는 것과 같다. 당신에게 위로가 아닌, 문제의 원인이 무엇인지 이야기해주는 것이다.

어차피 철학에서 말하는 문제와 지금 내 현실 속 문제는 전혀 다른 성격의 것이 아닌가 반문할지도 모른다. 하지만 그렇지 않다. 워낙 이름난 천재들이 많다 보니 겉포장도 멋들어지게 잘해놔서 그렇게 보일는지도 모른다. 하지만 이들도 똑같은 사람이었다. 우리처럼 하루하루가 무사히 즐거운 하루로 끝나기를 바라는 그런 사람들. 그래서 논리에 허점도 많고, 어딘가 불분명한 구석도 있다. 그럼에도 불구하고 나보다 먼저 비슷한 문제를 겪고 그 나름대로 문제의 원인이나 해답을 규명하려 했다는 점에서 내가 타산지석으로 삼을 수 있는 사람들이다.

나는 위와 같은 내기에서 첫 번째 선택지를 골라 지금 너무나 다행이라고 생각하는 사람이다. 철학 텍스트를 자기 편한 대로 해석하며 내 기분을 북돋워주는 자기계발서로 읽는 것은 분명히 잘못됐다. 하지만 철학으로부터 삶 속 문제 해결을 위한 아이디어를 찾는 것은 지극히 철학의 본성과 일치하는 것이다. 그러니 재차 종용하고자 한다. 첫 번째 선택지를 선택해주세요. 제가 앞으로 그 선례―先例이자 善例―를 보이겠습니다.

무례한 사람에게
웃으면서 응징하는 법

_논리학

●

논리학Logic 논리학이란 근거가 주장을 얼마나 잘 정당화할 수 있는지를 비판적으로 탐구하는 학문이다. 이때 주어진 사실로부터 결론을 도출해내는 과정, 즉 근거에서 주장을 이끌어내는 과정을 추론이라고 한다. 추론에는 연역과 귀납의 두 종류가 있다. 연역은 전제들 속에 이미 결론에 들어갈 내용이 함축되어 있는 것이다. 그래서 전제들이 참이면 결론도 참일 수밖에 없다. 반면 귀납은 전제들 속에 포함되어 있지 않은 내용을 새롭게 결론으로 도출한다. 따라서 전제가 모두 참이어도 결론이 반드시 참일 거라는 보장이 없다. 참고로 이 글에서 예시로 제시한 논증들은 모두 연역추론이다.

나는 내 몸에 있는 웬만한 근육에 전부 애정을 가지고 있지만, 내 몸에서 빠져줬으면 하는 근육이 딱 두 군데 있다. 바로 승모근과 바깥 허벅지. 흔히 '앞벅지'라고도 불리는 바깥 허벅지 근육은 나의 개인적인 취향에 따른 불호로, 근육이 잡혔을 때의 모양도 모양이지만 무엇보다 근육에 힘이 들어갔을 때의 느낌이 그야말로 근육에 부하가 걸리는 것처럼 느껴져서 싫어한다. 또 승모근은 아주 오래전부터 나를 괴롭혀왔다. 나는 목과 어깨가 엄청 자주 결리는 편인데, 그 원인의 8할은 아마 승모근이 과도하게 뭉쳐 있는 데 있을 것이다. 십 대 후반부터 목과 어깨의 근육통과 함께해온 덕에 이제는 직접 움직여서 통증을 느껴보지 않아도 느낌만으로 알 수 있다. 아, 또 결렸구나.

반면 내 몸에서 조금이라도 더 단련되었으면 하고 바라는 근육은 단연 '코어 근육'. 복근과 척추근 근처에 위치한 근육들을 아우

르며, 몸의 중심을 잡아주는 근육이라는 뜻에서 이러한 이름이 붙었다. 코어 근육은 건강에 아주 중요한 역할을 담당한다고들 한다. 나는 건강은 잘 모르겠고 지극히 실질적인 목적으로 이 근육을 원한다. 춤을 잘 추기 위해서는 코어 근육이 잘 단련되어 있어야 하기 때문이다. 코어가 잘 잡힌 몸과 그렇지 않은 몸은 한 동작을 하더라도 그 질이 달라진다.

코어 근육을 단련하기에 가장 좋으면서 또 가장 심플한 운동으로는 플랭크를 들 수 있다. 지금보다 선명한 복근을 자랑했던 일이 년 전의 나는 좋아하는 음악을 한 곡 켜두고 그 음악이 끝날 때까지 플랭크 자세로 버티곤 했다. 온몸이 부들거리고 땀도 쪽 빠졌지만 그래도 3분 남짓 자세를 유지하곤 했는데, 요새는 1분이라도 버티면 다행이랄까. 코어 운동을 안 하니 그새 근육이 풀려서 힘을 못 낸다. 코어 근육을 키우겠다고 플랭크 자세를 잡았다가 되레 승모근과 앞벅지에 힘이 들어가기 일쑤. 코어 근육을 단련시키려다 쓸데없이 승모근이랑 허벅지만 벌크업하게 생겼다.

사람이 움직이는 데 기본이 되는 게 근육이고, 그래서 그 움직임에 필요한 근육을 단련시켜야 양질의 동작을 구현해낼 수 있듯이 철학을 하는 데에도 꼭 필요한 근육이 있다. 논리다. 그리고 그 논리라는 근육을 단련하는 데 가장 좋은 것은 논리학을 공부하는 것이다. 논리학은 주장(결론)과 근거(전제) 간의 관계를 비판적으로 따져보는 학문이다. 근거들이 주장을 얼마나 정당화할 수 있는지 평가하는 작업이라고 할 수 있다. 그리고 특정한 주장과 그 근거로 제시된 문장들이 한 세트로 묶여 있을 때 이를 논증argument이라고 한다.

우리는 몇 가지 사실들이 주어지면 그로부터 새로운 사실, 즉 결론을 이끌어낼 수 있는데 이 과정을 가리켜 추론inference이라고 부른다. 논증이란 이 추론이 언어로 표현된 것이다. 마치 사과가 두 개 있는 바구니에 배 세 개를 더 담으면 바구니 안에 다섯 개의 과일이 담기는 상황을 수학에서 '2+3=5'라고 표현하는 것과 비슷하다. 그래서 논리학을 공부하게 되면 중고등학교 때 수학 시간으로 돌아간 느낌도 들고(실제로 드 모르간의 법칙 등 수학 공식도 많이 쓰인다), 새로운 언어 하나를 배우는 듯한 느낌도 든다.

철학이 까다로운 이유는 명확하게 답을 내리기 어려운 문제에 답하고자 하기 때문이다. 모든 것이 다 명확하게 밝혀진 상황이라면 누군가 "이건 왜 그래?"라고 물었을 때 그런 일이 벌어진 원인을 알려주면 끝이다. 하지만 철학이라는 학문의 특성상 이러한 '인과적 설명'을 할 일보다 논증을 할 일이 더 많다. 원인과 결과가 확실하게 밝혀져 있지 않기 때문에 질문도 "이건 왜 그렇다고 생각해?"

라고 던져진다. 그러면 나는 '내 생각에' 왜 그런지를 주장해야 한다. 내 주장이 왜 참인지, 내가 이렇게 주장하는 게 왜 정당한지 보여줘야 하는 것이다. 그래서 철학자들은 좋은 논증을 구성하기 위해서 공부를 한다. 플랭크 대신 논리학을 한다.

$\cdot \, \left(\,\cdot \right.$

　논리학은 주장과 근거 사이의 관계가 어떠한지를 탐구하기 때문에 각각의 문장을 파고들어 가는 것 대신 그 문장들이 어떻게 연결되어 있는지에 집중한다. 우리는 흔히 일상에서 상대방의 말에 담긴 '내용'에 발끈하게 되는 경우가 많다. "지민이가 잘생긴 건 아니지만…." 뭐? 지민이가 잘생긴 건 아니라고? 너 지금 우리 지민이 욕하는 거구나? 하지만 논리학에서라면 지민이가 잘생겼는지 아닌지보다 "지민이는 잘생긴 건 아니지만 춤도 잘 추고 애교도 많고 패션센스도 좋다. 그러므로 방탄소년단에서 제일 멋진 멤버다"라는 논증의 전제 중 하나로 들어가 있다는 사실에 주목한다. 그리고 이 논증의 전제들로부터 결론이 올바르게 도출되었는지를 평가한다. 혹시 추론에서 숨은 가정은 없는지 살펴본다. 그렇다면 너는 제일 멋진 멤버의 기준으로 춤과 애교와 패션센스는 포함시키지만 외모는 포함되지 않는다고 생각하는 거니? 그 기준은 누구 맘대로 정했어? '발끈'하지 않고 '평가'한다.

그렇기 때문에 상대방의 말에서 쓸데없는 꼬투리를 잡지 않을 수 있다. 대신 이 사람이 주장하려는 바가 무엇인지를 중심으로 해서 그 주장이 타당하게 도출되었는지를 검사한다. 이건 나 자신에게도 쓸데없는 에너지 소모를 상당히 줄여주는 일이다. 본론이 아닌 것을 두고 실컷 열을 쏟거나 말하는 사람이 의도한 것과 다른 결론을 받아들여서 불필요하게 감정을 소모하는 일이 없어지는 것이다.

무엇보다 상대방의 말이 틀렸는지 맞았는지, 틀렸다면 왜 틀렸는지를 조목조목 따져볼 수 있으니 제일 만족스럽다. 누군가와 다툴 때 가장 아쉬워지는 게 뭔가. 바로 말발이다. 달변을 타고나진 않았더라도 상대의 주장을 논리적으로 비판할 수 있게 된다면 어디 가서 말발 달린다는 말은 듣지 않을 것이다. 다만 부작용은 있을 수 있다. 사람들이 나와 말을 안 하려고 들게 될지도 모른다는 것. 소크라테스가 상대방 논리의 허점을 파고들며 끊임없이 질문을 해대는 통에 아테네에서 그에게 질린 사람들이 속출한 것처럼 말이다.

그렇다면 '좋은' 논증이란 과연 무엇일까? 가장 중요한 건 타당 valid해야 한다는 것이다. 논증이 타당하려면, 논증의 전제가 모두 참이라고 가정했을 때 결론은 무조건 참이어야 한다. 만약 전제가 전부 참이라고 해도 결론이 거짓인 경우가 존재한다면 그건 나쁜 논증이다. 백번 양보해서 제시된 근거를 다 받아들인다고 하더라도 영 결론이 이해되지 않는 상황인 것이라고 할 수 있다. 다만 여기서 주의해야 할 점은 전제가 실제로 참일 필요는 없다는 것이다. 일단은 열린 마음을 가지고 전제가 참이라고 가정을 해야 한다. 그리고 그 상태에서 결론도 참으로 따라 나오는지를 확인한다.

모든 인간은 이성을 가지고 태어난다.
이성을 가진 존재는 모두 이성을 계발해야 한다.
여자는 인간이다.
남자는 인간이다.

여자와 남자는 모두 이성을 계발해야 한다.

위 논증은 전제가 전부 참이라면 결론 또한 참이 될 수밖에 없으므로 타당한 논증이다. 진짜로 모든 인간이 이성을 가지고 태어나는지, 그러한 이성을 꼭 계발해야 하는지는 타당성을 검증하는 데 상관이 없다. 전제가 전부 참이라고 가정할 때 결론도 참일 수밖에 없다면 타당함의 기준을 만족시킨다. 참고로 이 예시는 자유주의 페미니스트로 유명한 메리 울스턴크래프트Mary Wollstonecraft의 주장을 논증으로 구성해본 것이다. 그는 여성도 남성과 동일하게 이성을 가진 인간이므로 그러한 이성을 발달시킬 교육 또한 동등하게 받아야 한다고 주장했다.

좋은 논증의 두 번째 기준은 건전성soundness이다. 건전성을 판별하는 기준은 간단하다. 만약 어떠한 논증이 타당한데 거기에 포함된 모든 전제가 실제로 참이기까지 하다면 그건 건전한 논증이라는 것이다. 애초에 타당하지 않은 논증은 따라서 건전하지 않으며, 모든 전제가 실제로 참이어야 하니 논증의 전제에 하나라도 거짓이 들어 있다면 건전한 논증으로서는 탈락이라고 본다.

여자는 인간이다.

인간은 포유류다.

―――――――

여자는 포유류다.

위 논증은 전제가 참일 경우 결론도 반드시 참일 수밖에 없고, 또 그 전제들이 실제로 참이므로 건전한 논증이다.

여자는 외계인이다.

외계인은 파충류다.

———————————————————

여자는 파충류다.

반면 위 논증은 전제가 전부 참이라고 가정하면 결론도 반드시 참일 수밖에 없기 때문에 타당하지만, 전제들이 실제로 참이 아니기 때문에(외계인이 파충류라는 것도 의문이지만 여자가 외계인일 리 없으므로) 건전하지는 않다. 이렇게 아무 말이나 써도 타당한 논증이 될 수 있다니 하고 놀랐을지도 모르겠다. '타당하다'는 표현 때문에 직관적으로 와닿지 않을 수 있지만, 어디까지나 논리로만 따지자면 타당한 논증이다. 어떤가, 근육을 단련시키기 위해 운동을 하는 것처럼 논리에 익숙해지기 위해서 논리학을 해야 한다는 게 빈말은 아니지 않은가.

좋은 논증의 마지막 기준은 순환논증이 아니어야 한다는 것이다. 순환논증이란 말 그대로 전제와 결론이 돌고 돈다는 의미로, 입증하려는 결론이 이미 참이라고 가정하지 않는 한 받아들이기 어려운 전제를 포함하고 있는 논증을 가리킨다.

출산율이 낮아서 문제다.

_____

출산율을 높여야 한다.

출산율이 낮은 게 왜 문제인지 납득할 수 없는 사람도 있다. 그럼에도 불구하고 이 논증은 낮은 출산율이 문제임을 입증하지 않은 채로 무작정 그게 문제이니 출산율을 높여야 한다는 결론을 내리고 있다. 그래서 이 논증의 결론은 이미 출산율이 높아져야 한다고 생각하고 있는 사람들에게만 참으로 받아들여질 수 있다. 먼저 해명해야 할 문제가 있는데 그걸 무시하고 있는 것이다. 이러한 점에서 순환논증을 '선결문제 요구의 오류'라고도 한다.

좋은 논증의 기준이 이처럼 정해져 있으니, 어떠한 논증이 나쁜 논증이라고 비판하는 것은 이러한 기준을 만족시키지 못했음을 보이는 것이 된다. 여기서도 또 확인할 수 있다. 논리학은 논증 내 문장들의 관계에 집중한다는 것. 단순히 그 논증의 결론이 거짓인지 아닌지를 밝히는 것과 논증에 문제가 있다고 지적하는 것은 별개의 문제다.

논증의 구조를 알고 좋은 논증이 무엇인지 알게 되면 내 싸움뿐만 아니라 남의 싸움을 구경하는 재미도 쏠쏠해진다. 저 사람들이 무엇 때문에 싸우는지가 명확하게 보이기 때문이다. 편의상 싸움이라고 말하긴 했지만, 사실 학문적인 논의를 두고 한 말이다. 야구 경기 룰을 몰라서 아무리 관전을 해도 야구의 재미를 느끼지 못하는 나처럼, 무엇이 쟁점이 되어서 토론이 벌어지는지 파악이 안 되면 다들 뭔 소리를 하는 건가 싶기 마련이다.

생물학적 성별이 다르면 타고나는 적성도 다르다.
사람마다 적성에 맞는 역할이 주어져야 한다.

여자와 남자가 다른 역할을 맡는 건 당연하다.

이런 논증을 하는 사람들이,

신체적 차이 외에 생물학적 성별에 따른 차이는 없다.

사회에서는 정형화된 이미지로서의 여성성과 남성성이 존재한다.

사회의 여성성과 남성성은 허구다.

……라고 논증하는 사람들과 갑론을박을 벌인다. 결론만 두고 보면 별로 연관성이 없어 보여서 대체 왜 서로 논쟁을 하나 싶겠지만, 논증의 구조를 살펴보면 이들이 가정하고 있는 전제 중 첫 번째 전제가 서로 정반대라는 것을 알 수 있다. 이 두 예시 속 논증은 실제로 페미니즘에서 가장 활발히 논의되었던 입장들이다.

이러한 논증은 단순히 학문적인 논의에서뿐만 아니라 지금 당장 우리 주변에서 일어나는 대립 구도이기도 하다. 어떤 이들은 여자와 남자는 타고나는 성향이 다르다고 생각한다. 그리고 그렇기 때문에 여자의 경우 흔히 '여자답다'고 말해지는 것에 끌리는 게 자연스럽다고 여긴다. 그래서 여자가 남자들에 비해 꾸미는 것에 관심이 많은 것도 당연하다고 말한다. 반면 어떤 이들은 그러한 성향의 차이는 없다고 생각한다. 다만 여자를 '여자답게' 만들어두는 편이 가부장제의 권력층에 이득이기 때문에 여자와 남자의 성향이 자연적으로 다르다고 세뇌하고, 한쪽 성에 특정한 덕목을 강요한다고 말한다. 그래서 이런 입장을 고수하는 이들은 '여자다움'의 대표적인 상징인 긴 머리도 자르고 '여성스러운' 옷도 입지 않는다.

논쟁의 기준점이 되는 포인트를 파악했다면 내가 어느 쪽에 서고 싶은지를 결정하는 것도 그 포인트를 기준으로 해서 이루어져야 한다. 생물학적 성별에 따른 본질적인 성차를 전제하지 않기 때문에 사회에서 구분된 여성성과 남성성을 따르는 것을 비판하는 이들을 보면서 "나는 몸의 실루엣이 적나라하게 드러나는 옷을 좋아하는데, 그러면 지금 그런 내 취향이 잘못됐다는 거야?"라고 발끈하게 되면, 왠지 내가 부정당한 것 같아서 기분이 나쁘고 그렇게 지적한 저 사람들도 싫어진다. 이 경우 자기 기분만 상하고 끝날 뿐, 논의가 진행되지 않는다. 하지만 저들이 말하고자 한 건 그게 아니다. 내가 좋아하는 옷 취향이 잘못됐다고 비판하는 게 아니기 때문이다. 그들은 지금 그러한 취향을 길러낸 사회를 비판하고 있다. 물론 어디까지나 그들이 설정한 전제 위에서 말이다.

두 입장 다 조금씩 마음에 들지 않는다면 정확히 어떤 부분이 어떻게 이해가 되지 않는지를 지적하는 일에 필요한 것도 논리다. 전제가 주장을 제대로 뒷받침하고 있지 못하다고 비판할 수도 있고, 전제와 주장 간의 연결은 타당하지만 그 전제가 참이 될 수 없음을 보일 수도 있다. 이처럼 남이 하는 말이 왜 타당한지 또는 왜 부당한지 그 이유를 정확히 짚어낼 수 있게 되면 '내가 어떠한 말을 들었는지'보다 '상대가 어떻게 말했는지'를 지적하기 위한 내용이 먼저 머릿속에 떠오른다. 또한 그게 제대로 된 논증인지를 평가할 평가자 입장에 서게 된다. 원래 평가를 받는 입장은 불안한 법이기에 감정의 동요가 클 수밖에 없지만, 평가를 하는 입장은 언제나 담담하다. 감정의 동요가 줄어든다. 내 감정을 있는 그대로 표출하면 곤란해지는 삶의 수많은 순간 속에서 꽤나 유용한 스킬이 아닐 수 없다.

☾

얼마 전 집으로 돌아오는 길에 택시를 탔다. 택시 기사님은 근래 만난 기사님들 중에 보기 드물게 친절하신 분이었다. 중고등학생 시절부터 지금에 이르기까지 버스와 택시를 타면서 기분 나쁜―단언컨대 내가 어린 여자아이가 아니었더라면 결코 겪지 않았을―일을 많이 겪었기 때문에 나는 항상 기사님이 친절한지 아닌지에 민감하다. 문을 열고 승차함과 동시에 따뜻하게 건네주신 인사와 미소. 그렇지 않아도 움츠러드는 날씨인데 이번 택시는 긴장을 조금 풀어도 되겠다. 성공이다. 그러나 출발한 지 얼마 지나지 않아

이처럼 훈훈한 택시 안에서 요새는 멸종했다고만 생각했던 발언이 등장했다. "손님은 올해 몇 살이에요? 아이고, 서른 되기 전에 얼른 결혼해야지. 여자 나이 서른이면 노처녀예요 노처녀." 서른에 가까워진 여자는 빨리 결혼해야 한다. 왜냐하면 서른이 된 여자는 노처녀이기 때문이다. 아저씨, 이건 순환논증이에요.

곤란한 발언이라면 주변에 취직한 친구들로부터 전해 듣는 이야기를 빼놓을 수 없다. 친구들의 회사 생활을 듣고 있노라면 회사에선 암묵적으로 다 같이 '아무 말 경연대회'라도 개최하고 있는 것인가 하는 생각이 든다. 그야말로 멸종했어야 마땅할 별별 소리들이 다 들리기 때문이다. "여자들은 어차피 몇 년 안에 나갈 거"라며, 여자 사원 대신 남자 사원을 뽑아야 마땅하다는 사장에게 친구를 대신해 대꾸하고 싶다. 여자 사원이 몇 년 안에 나갈 거라는 게 참이라고 어떻게 장담할 수 있나요? 아무리 과거에 그런 케이스가 많았다고 하더라도 그러한 '귀납'논증은 결코 필연적인 참을 보장받지 못한답니다? 게다가 지금 그 발언은 회사에 이득이 되는 사원이란 무조건 오래 버티는 사원이라는 걸 가정하고 있는 건가요?

내 귀에 도저히 이해 불가능한 주장이 들릴 때, "왜 그런 말을 하세요?", "어떻게 그런 말을 하세요?"가 아니라 "이렇게 틀린 말을 하셨어요"라고 지적한다. 논리학 덕분에 내 귀에 들리는 말이 얼마나 잘못된 논증인지 생각하느라 속이 상하거나 우울해지지 않는다. 쓸데없는 감정 소모를 없앤다는 목적을 달성하는 데에는 대성공이다. 그런데 솔직히 말하자면 이러한 지적은 많은 경우 입 밖이 아니라 머릿속에서 끝난다. 말하고 싶은 마음은 굴뚝 같지만 주변 분위기를 생각하느라 차마 소리 내어 말하지 못하고 말을 삼키는 것이다. 이렇게 나쁜 논증을 듣기만 하고 끝내버리면 영 머릿속이 개운하지 않다. 논증을 분석하며 단호하게 생각할 줄 알아야 한다고 큰소리를 친 만큼 단호한 용기와 배짱을 발휘하고 싶다. 따뜻한 택시 안 분위기에 찬물을 끼얹고, 내 월급 줄을 쥐고 있는 사장의 미움을 살 용기와 배짱을. 아직은 여전히 연습 중이다. 과연 용기와 배짱을 기르기 위해서는 무슨 운동을 해야 하는지.

내가 바라는 이상적인 하루는
어떤 모습일까

_플라톤의 이데아

●

플라톤Plato**(기원전 427~347로 추정)** 플라톤이 남긴 저작은 대부분 등장인물들이 서로 대화를 나누는 형식으로 쓰여 있어 대화편dialogue이라고 불린다. 플라톤은 대화편 속 등장인물의 입을 빌려 자신이 말하고자 하는 바를 주장하는데 주로 플라톤의 스승이었던 소크라테스가 그러한 대변자 역할을 맡곤 한다. 플라톤이 주창한 이데아론의 핵심은 개체적인 사물들에 앞서 존재하는 본질이 있다는 것이다. 그리고 현실에 존재하는 모든 사물은 그러한 본질을 불완전하게 모방한 것에 지나지 않는다. 다만 플라톤이 워낙 고대의 인물이다 보니 그의 글을 어떻게 해석 및 번역해야 정확할 것인지에 관한 논의도 꾸준히 진행 중이다.

얼마 전 이사를 했다. 새집으로 간다고 집 안 살림살이의 반은 버리고 떠났다. 그 과정에서 내 방에 있던 책장과 서랍장이 하나씩 버려졌다. 어렸을 때부터 사용해오던 것인데, 수거를 기다리며 폐기 스티커를 붙이고 집 밖에 세워진 모습을 보자니 기분이 묘했다. 내가 아는 아이가 맨몸으로 밖에 나와 있는 듯한 느낌이었다. 가구는 버렸지만 그 가구 안에 들어 있던 짐까지 모두 버리진 못했다. 넣을 공간은 사라졌는데 넣어야 할 내용물만 덩그러니 상자에 담겨 있는 상황이었다. 새 책장과 서랍장을 사게 된 것은 새집에 도착하고도 열흘은 지나고 나서였다.

무언가 새로운 물건을 구입하는 건 즐거운 작업이다. 그런데 내가 사고자 하는 물건에 관해 구체적으로 생각해둔 바가 없을 때에는 전혀 즐겁지가 않다. 이케아에서 '책장'이라고만 검색해도 뒷면이 막힌 것, 뻥 뚫린 것, 선반 형식으로 된 것, 유리문이 달린 것, 밑

부분은 서랍으로 되어 있는 것 등 각종 다양한 형태의 책장이 나온다. 거기다가 사이즈와 색상까지 제각각이다. 책장을 사긴 살 건데, 내가 사려는 책장이 정확히 어떤 책장이어야 할지 먼저 머릿속으로 그려보지 않은 상태에서 이렇게 상품 페이지만 보다 보면 오히려 길을 잃고 만다. 물건을 골라야 한다는 것 자체가 스트레스가된다.

그러나 일단 사야 할 가구는 있으니 안 고를 수는 없다. 머리로 무언가를 생각한다는 것은 무척이나 귀찮은 일이다. 그래서 일단 닥치는 대로 제품을 구경하기 시작한다. 뭐 대충 보니 디자인도 예쁘고, 이 정도면 수납공간도 넉넉하고, 게다가 상품평도 좋네. 사람들이 다 튼튼하고 쓰기 편하대! 그럼 이걸로 낙찰. 하지만 막상 배달을 받고 보니 내 방에 들어가지 않는다면? 혹은 나의 짐을 죄다 채워 넣었는데도 남아 있는 수납공간의 반도 채우지 못했다면? 남들이 다 좋다고 해서 구입했는데 쓰다 보니 내게는 오히려 불편할 수도 있다. 이렇게 되면 기껏 장만한 가구는 애물단지가 되어버리고, 나는 나대로 만족하지 못하니 일거양'실'인 격이다. 부피가 작은 옷이었다면(사실 이런 식으로 사서 입지 않고 쌓아두기만 한 옷들이 수두룩하다) 버리기라도 쉽지, 가구는 한 번 사고 나면 처분하는 것도 쉽지가 않으니 더욱 골치가 아프다. 아, 괜히 샀다. 후회가 된다.

이렇게 불만족스러운 결과가 나온 이유는 어떤 책장을 살지 명확한 그림이 내게 없었기 때문이다. 무작정 수십 가지가 넘는 상품들의 상세정보 페이지를 떠돌아다니기 전에 일단 내가 원하는 책장이 어떤 것인지 구체적으로 그려보았어야 한다. 구체적이면 구체적일수록 좋다. 수납할 책이 60권쯤 되니까 최소 6단은 넘는 책장이 좋겠지. 나는 소장 중인 만화책을 예쁘게 진열해두고 싶으니까 만화책 높이에 맞게 선반 높이가 조절되는 제품을 골라야겠다. 방 안에 놓았을 때 책장만 튀어 보이지 않도록 높이가 2미터를 넘진 않아야겠고. 색상은 다른 가구들과 어울리도록 화이트로. 책장에서 원하는 책을 바로바로 찾아 책상으로 갖고 가는 내 행동패턴을 고려해봤을 때 굳이 여닫이문은 달려 있지 않아도 될 것 같다. 오히려 안쪽에 무슨 책이 있는지 한 번에 안 보여서 불편하기만 할 듯하다.

물론 내가 원하는 책장과 100퍼센트 똑같은 제품은 없을 것이다. 하지만 판매 중인 상품 중에서 이러한 상상도와 가장 비슷한 모델은 고를 수 있다. 이렇게 내가 사고 싶은 이상적인 가구를 머릿속에 그려본 후 그것과 가장 닮은 제품을 찾아내는 것은 아무런 실마리도 없이 무작정 괜찮아 보이는 제품을 고르는 것과 비교도 안 되게 쉽다. 또한 다른 사람들이 남긴 긍정적인 상품평 없이도 내가 원하는 바를 이 제품이 충족시킬지 아닐지가 판단 기준이 된다. 그래서 남들의 의견이 아닌 나의 의견에 따라 물건을 고를 수 있다. 내가 원하는 요소를 갖춘, 다른 이가 아닌 나의 맘에 드는 물건을 사는 것이니 구매 후 만족감도 크다.

천 원 이천 원 하는 과자를 한 봉지 사면서 매번 이렇게 내가 원하는 과자는 어떤 것일까 하는 질문을 던지지는 않아도 된다. 가구쯤 되니 신중해질 필요가 생기는 것이다. 한 번 잘못 선택하면 나중에 수습하기가 번거로워지니 말이다. 그런데 가구보다 훨씬, 아니 비교가 불가능할 정도로 무척이나 가치 있는 것임에도 불구하고 내가 원하는 바를 구체적으로 그려보는 단계를 무심코 건너뛰게 되는 것이 있다. 다름 아닌 내 삶의 모습이다. 삶이란 건 특별히 무언가를 하려고 하지 않아도 끊임없이 흘러가기 때문일까. 우리는 일단 상황이 주어지면 거기에 맞춰 살아가는 데에 더 익숙해져 있다.

평소 우리가 원하는 삶의 모습을 그려보는 건 어렸을 때 적어 내던 장래희망처럼 먼 미래의 일을 막연하게만 떠올리는 것에 한정된 경우가 많다. 아니면 새해에 세우는 계획처럼 아주 가까운 미래에 짧은 시간 동안 지속되는 것이거나. 하지만 우리가 진짜 그려볼 만한 그림은 내 삶 전반에 걸쳐 유효한, 이상적인 내 삶의 모습이다. 이를테면 내 삶의 '이데아'라고나 할까.

플라톤의 이데아Idea는 아마 가장 널리 그리고 친숙하게 알려진 철학적 개념 중 하나일 것이다. 참고로 플라톤은 '이데아론'이라는 제목 아래 자신이 생각하는 이데아가 무엇인지 정리하여 글을 남겨둔 것이 아니다. 다만 플라톤이 썼던 다양한 저작에 부분적으로 이데아와 관련된 내용이 포함되어 있고, 그 흔적들을 우리가 짜 맞추어 플라톤의 이데아론을 구성한 것이다. 이데아는 다른 말로 형상Form이라고도 불린다. 이데아 내지는 형상이라는 용어는 예시를 통해 살펴보면 이해하기 쉽다.

나는 옛날부터 이상형이 무엇이냐는 질문에 아주 까다로운 대답을 하곤 했다. 나는 자타공인 '얼빠'이기 때문이다. 세상에서 잘생긴 게 제일 중요하다. 그런 나에게 요 몇 년 새 등장한 뉴 페이스 차은우는 이상형의 조건을 충족시키고도 남는다. 정말 너무 잘생기지 않았는가! 이런 때 종종 덕후들이 다음과 같은 시시한 우스갯소리를 하곤 한다. "아무래도 나랑 차은우는 운명인가 봐. 엄청난 공통점을 발견했어. 우리 둘 다 눈코 입이 있어!"와 같은 농담 말이다. 하지만 쩨쩨하게 눈코 입만 가지고 기뻐하지 말고 이번엔 스케일을 키워보자. "차은우와 나는 둘 다 사람이야! 세상에 이런 운명이!"

어찌 됐건 차은우도 사람이고, 나도 사람이라는 것은 사실이다. 그런데 이때 '차은우'라는 것은 개별적인 한 사람을 가리키지만 '사람'이라는 것은 그렇지가 않다. 그렇다면 이 '사람'이 가리키는 것은 무엇일까? 우리는 '사람'이라는 것을 이 세상에 존재하는 모든 사람에 대해서 사용하지만, 그렇다고 해서 '사람'이 복수 개의 무언가를 가리키진 않는다. 플라톤의 말을 빌리자면 '사람'이 가리키는 것은 곧 '사람의 이데아'다. 사람의 이데아는 이 세상의 모든 사람들이 공유하는 사람의 본질essence로, 가장 완벽한 사람의 형상을 하고 있다. 이데아를 일종의 정의definition 또는 개념과 비슷하다고 생각할 수도 있는데, 그래서 무언가의 이데아는 항상 그 무언가로서 가장 완벽해야만 한다. 사람의 이데아는 가장 완벽한 사람의 형상, 책상의 이데아는 가장 완벽한 책상의 형상, 컴퓨터의 이데아는 가장 완벽한 컴퓨터의 형상인 것이다. 마치 나의 이상형이 가장 완벽한 교제 상대를 가리키는 것처럼 말이다.

완벽하다는 건 변하지 않는다는 것을 의미한다. 뭔가 부족한 게 없으면 굳이 그 상태에서 변할 이유가 없다. 그래서 이데아는 영원 불변하다. 이런 이데아가 한낱 유한하고 불완전한 우리와 같은 차원에 함께 존재할 리가 만무하다. 그야말로 저세상 클래스인 것이다. 그래서 이데아는 우리가 살고 있는 감각적인 현실 세계에는 존재하지 않는다. 플라톤의 저작으로 미루어 볼 때, 이데아는 이데아의 세계에 따로 존재한다. 현실에 있었다면 우리가 경험을 통해서 알 수 있었을 텐데, 현실을 초월해 존재하다 보니 이데아는 감각이 아니라 무조건 이성을 통해서만 알 수 있다.

이데아의 세계에 존재하는 모든 이데아들을 본떠서 만들어진 것이 현실 세계에 있는 존재들이다. 주접을 더해 말해보자면 차은 우 정도면 완벽한 사람이 아닌가 싶다. 하지만 안타깝게도 플라톤의 심기를 거스르지 않으려면 그렇게 말할 수가 없다. 가장 완벽한 사람은 오직 사람의 이데아뿐이기 때문이다. 이렇게 완벽한 이데아를 본떠서 현실의 사람들이 존재한다. 그러나 현실의 사람은 어디까지나 이데아의 모방이기 때문에 결코 완벽한 사람일 수 없다. 플라톤에 의하면 아름다움의 이데아 또한 존재한다. 백설공주에서는 왕비가 거울에 대고 세상에서 누가 가장 아름답냐고 물어봤는데 이건 사실 의미 없는 질문이다. 이 세상에서 아름다움의 이데아만이 유일하게 완벽하게 아름답기 때문이다. 아름다움의 이데아를 제외한, 현실의 아름다운 모든 것들은 그저 아름다움의 이데아를 함께 나누어 가지고 있을 뿐이다. 현실의 그 누가 아무리 아름답다고 한들, 그는 완벽한 이데아의 허접한 모방에 지나지 않는다.

이러한 이데아 개념을 본떠서 '내 인생의 이데아'가 있다면 그것은 어떠할지 생각해보자. 현실적인 것에 제약을 받을 필요는 없다. 지금 당장 내 통장에 몇 푼 없다 하더라도 이상적인 삶의 모습에서 나는 억만장자일 수도 있다. 중요한 것은 상상의 나래를 펴는 것이다. 내가 사는 현실에서 결코 이루어지지 않을 것만 같은 삶이라도 일단은 최대한 당신의 이상에 들어맞는 삶의 모습을 그려보라.

처음부터 내 인생 전체를 생각하자면 조금 막막할 수도 있다. 그럴 때는 일단 작은 단위부터 시작해본다. 내가 생각하는 이상적인 하루를 떠올려보는 것이다. 머릿속으로 영화 한 편을 재생한다 생각하고 내가 하루를 시작하는 순간부터 다시 잠에 드는 순간까지 구체적으로 어떠한 하루를 보내고 싶은지 마음껏 상상해보라. 감이 잡혔다 싶으면 조금씩 범위를 넓혀보자. 이번에는 일하는 날과

휴일을 나누어 생각해봐도 좋다. 나는 어떤 일을 하는지 또 뭘 하고 노는지. 돈 많은 백수가 되어 원하는 것만 한다는 설정도 상관없다. 다만 그 원하는 것이 무슨 일인지가 중요하다. 부수적인 것에 눈을 돌려보아도 좋다. 내 주변 사람들은 어떤 사람들인지, 내게 집은 있는지, 있다면 그 집은 어떻게 꾸며져 있는지 등을 떠올려 보는 것이다.

직접 해보면 느끼겠지만, 내가 바라는 이상적인 삶을 그려본다는 것은 생각보다 어렵다. 고기도 먹어본 놈이 먹는다고, 듣도 보도 못한 걸 상상하기보다는 자꾸만 내가 살고 있는 현실을 기반으로 생각하게 되기 때문이다. 현재의 삶에서 크게 벗어나지 않는다 하더라도 스스로가 만족할 수 있는 삶의 이데아를 그릴 수 있다면 어찌 됐든 성공이다.

이렇게 만들어낸 내 삶의 이데아를 그저 현실과 동떨어진 망상으로만 남겨둔다면 의미가 없다. 이제 우리는 이데아 속 나의 삶과 현실 속 나의 삶을 최대한 비슷하게 만드는 작업에 나서야 한다. 물론, 이건 어디까지나 모방에 불과하다는 걸 잊지 말자. 이상과 현실을 똑같이 만들 수는 없다. 어차피 이데아는 현실에 존재하지 않고, 현실은 이데아를 조악하게 모방한 것이라고 플라톤이 누누이 말하지 않았는가. 우리 목표는 그저 현실이 이데아와 닮을 수 있도록 최대한 많은 부분을 끼워 맞추는 것이다.

이상적인 삶을 상상할 때와 마찬가지로 일단은 지금 당장 실천할 수 있는 작은 부분들부터 시작하다 보면 가속도가 붙는다. 이상적인 나의 집이 어떻게 꾸며져 있었는지 상기하고 그 집과 벽지 색만이라도 비슷하게 바꿔보자. 벽지가 마땅치 않다면 가구 배치를 이리저리 옮겨볼 수도 있다. 아침에 일어나 센트럴파크에서 조깅을 하는 모습을 상상했었는가? 그렇다면 당장 뉴욕으로 이주는 하지 못하더라도 10분 일찍 일어나 가벼운 스트레칭으로 하루를 시작할 수 있다. 잠을 줄일 수 있는 사람이라면 일을 시작하기 전 진짜로 근처에서 조깅을 하는 것도 가능하다.

아무리 작은 부분이라도 내 현실 속 일상이 이상적인 삶을 모방하게 되면 일단 기분부터 달라진다. 이것은 다시 이상적인 삶의 더 큰 부분을 현실에 옮겨오고 싶게 만드는 동력이 된다. 내가 직접 시작한 사업으로 대성공을 거둔 모습을 꿈꿨지만 현실에서는 전혀 관련 없는 회사에서 막내사원으로 근무하고 있는가? 지금 당장 사직서를 내진 못하더라도 미래에 내가 하고자 하는 사업을 위한 공부를 시작해보자.

설령 이데아 속 나의 삶을 현실에 가져오지는 못한다 해도 내 삶의 이데아를 그려보는 작업은 충분히 유의미하다. 현실의 제약에서 벗어나 내가 바라는 삶의 모습을 그려봄으로써 내가 진정으로 원하는 바가 무엇인지 깨달을 수 있기 때문이다. 나의 이상적인 삶의 모습에는 원하는 메뉴로 아침을 직접 만들어 먹고, 땀 흘려 운동도 해가며 아침 시간을 느긋하게 보내는 모습이 담겨 있다. 이건 프리랜서로 일하고 있는 나로서는 충분히 현실에 반영할 수 있는 부분이다. 하지만 이상적인 삶 속의 나는 지금처럼 가만히 앉아, 혼자서 대부분의 시간을 보내는 일을 하고 있지 않았다. 다양한 곳을 돌아다니고 사람들과 끊임없이 소통하는 일을 하고 있었다. 현실 속 나는 글을 쓰기 위해 절대다수의 시간을 조용하고 정적으로 보낼 수밖에 없다. 그렇지만 적어도 내 삶의 이데아를 그려봄으로써 사실은 내가 이런 환경을 좋아하지 않는 사람이라는 걸 알 수 있다. 만약 내게 커리어 면에서 변화가 생긴다면 나는 이것을 힌트로 삼아 최대한 활동적인 일을 하기로 결정할 수 있을 것이다.

또한 내 삶의 이데아는 현실 속 내 삶이 나아갈 방향을 계속해서 일러주는 좋은 나침반이 되어준다. 아무리 현실에는 없음직한, 그래서 도저히 똑같이 따라 할 수 없는 지극히 이상적인 삶이라도 현실을 사는 우리가 지향할 수 있는 목표를 보여주는 것이다. 이 점은 인생에서 중요한 선택을 해야 할 때 후회를 최소한으로 남기는 선택을 하기 위해서 꼭 필요하다. 가끔은 하나를 선택하기 위해 나머지 하나를 포기해야만 하는 상황이 있기 마련이다. 더구나 아무리 평소에 철저히 인생 계획을 세워두는 사람일지라도, 자신이 속해 있는 환경이 변화함에 따라 그러한 계획을 취소해버리고자 하는 마음이 들기도 한다. 사랑하는 이와 함께할 것인가 아니면 그를 떠나 내 원래 계획을 고수할 것인가. 이런 양상의 내적 갈등은 비단 영화 속에서만 벌어지는 것이 아니다. 의외로 현실에서 가장 많이 하게 되는 고민 중 하나다. 만약 내가 내리게 될 결정이 내가 생각하는 이상적인 삶의 모습으로 나아갈지 잘 확신이 서지 않는다면, 이럴 때야말로 내 삶의 이데아를 다시 한 번 확인해보아야 할 시간이다.

· ☽ ·

우리는 삶에서 끊임없이 선택을 하고 또 빈칸을 채워나간다. 그런데 어떻게 살아나갈지 의식하지 않으면 무심코 '괜찮아 보이는' 것들을 선택하고 '무난한' 내용들로 빈칸을 채워나간다. 쇼핑을 하기 전 내가 원하는 디자인과 내게 필요한 요소가 무엇인지 생각해보지 않으면, 남들이 쓴 상품평을 읽어보고 평이 좋은 제품을 주문해버리거나 나한테는 전혀 필요한 기능이 없지만 대충 보니 괜찮았던 제품을 구입해버리는 것과 비슷하다. 일단은 필요하니까 뭐라도 사긴 사야 하기 때문이다. 인생의 선택 또한 미룰 수 없다. 매 순간이 선택의 연속이기에 내가 무엇을 원하는지 제대로 모르면 무모해진다. 내가 원하는 건지 아닌지는 모르겠지만 일단 남들이 다 하니 나도 하고 본다. 그러나 이런 선택의 결과가 만족스러울 리 없다. 정작 주인공인 내가 원하는 것을 고려하지 않았기 때문이다.

그래서 우리는 진정으로 내가 바라는 내 삶의 모습이 어떤 것인지를 생각해볼 필요가 있다. 완벽하게 내가 원하는 것만 모아둔, 과하게 이상적인 삶일수록 좋다. 내가 바라는 인생의 모습을 뚜렷하게 떠올릴 수 있게 되면, 현재 내 삶과 이상적인 삶이 최대한 닮아갈 수 있도록 만들어나가는 것이 조금은 어려울지라도 결코 막막하지는 않아진다. 이상과 현실의 괴리에는 마음 쓰지 않아도 괜찮다. 원래 현실이 이데아만큼 완벽할 수는 없는 법이다. 다만 내가 바라는 이상을 이따금씩 떠올리며 현실의 허접함에 지쳤을 때 다시금 나아갈 힘을 내면 된다. 그러니 어서 내 인생의 이데아를 그려보자. 그리고 현실에서 그것을 최대한 모방해보라. 이데아를 따라 내가 원하는 모습의 삶을 살아가는 일은 분명 남들이 좋다는 삶이나 이 정도면 괜찮아 보이는 삶을 사는 일보다 훨씬 만족스러울 것이다.

믿고 따를 수 있는 사람인지
어떻게 알 수 있을까

_논리실증주의

●

논리실증주의Logical Positivism 20세기 전반에 등장한 철학적 사조로, 흔히 비엔나 학파Vienna Circle라고 불리는 철학자 그룹을 칭한다. 이들보다 조금 뒤에 등장한 베를린 학파Berlin Circle 또한 논리실증주의자들로 불리는데, 이들은 기존의 논리실증주의와 굉장히 비슷한 입장을 취하지만 실증주의Positivism라는 용어 대신 경험주의Empiricism라는 용어를 사용함으로써 자신들을 구분 지었다. 논리실증주의는 철학이 인지적으로 의미 있는, 다시 말해 참거짓을 분명히 판단할 수 있는 언어를 사용하여 세계에 관해 확실한 지식을 전달할 수 있어야 한다고 믿었다. 그래서 참거짓을 검증할 수 없는 진술을 했던 기존의 형이상학은 비판의 대상이 되었다.

예전에 흥미로운 글을 하나 읽었다. 면접에서 좋은 결과를 얻고 싶다면 자신감 있는 태도를 보이라는, 뻔하디뻔한 결론을 제시하고 있지만 그 이유를 무척 신선하게 설명하고 있는 글이었다. 평가를 받는 입장에 서 있는 지원자는 불안하다. 그런데 지원자가 불안한 만큼 사실 면접관들도 불안한 상황에 놓여 있다. 왜냐하면 어떤 지원자를 뽑는 게 좋은 선택일지 답이 정해져 있지 않기 때문이다. 이렇게 확신이 서지 않는 상황에서 사람은 기대감을 주는 사람에게 끌리게 되어 있다. 그래서 이 지원자를 뽑는 것이 자신들이 마주한 문제의 정답이 되어줄 거라는 기대감을 불러일으킬 수 있도록 면접관들 앞에서 자신감 있는 태도를 보이는 게 무엇보다 중요하다는 것이다.

회사 채용을 위한 면접만큼 공식적이진 않을지라도 우리는 일상적으로 이와 비슷한 상황에, 그것도 면접관으로 자리하는 경우가 꽤 많다. 우리는 남들로부터 수많은 제안을 받기 때문이다. 오늘 저녁에 같이 마라탕을 먹으러 가지 않겠냐는 가벼운 제안부터, 함께 일해보지 않겠냐는 업무상의 제안, 혹은 나와 평생을 함께 보내지 않겠냐는 로맨틱한 제안까지. 우리는 그러한 제안에 'YES' 또는 'NO'라고 대답함으로써 그들에게 합불 통지를 내린다. 기대감을 주는 전략을 이용해 면접에 합격할 수 있다면 그야 다행이다. 하지만 그건 어디까지나 실제 면접장 안에서의 이야기일 뿐, 내 삶에 들어오는 제안마저 나에게 기대감을 준다는 이유로 합격을 시키면 곤란하다.

불확실한 상황은 누구에게나 확실한 불안감을 안겨준다. 명확히 보이지 않는 것은 언제나 두려움을 동반하고 찾아오는 법이다. 콘택트렌즈를 장착하고 양쪽 눈의 시력을 1.5로 맞춘 후에 나서는 세상에서는 두려울 게 없다. 자신만만하게 여기저기 돌아다니며 여유로운 마음으로 즐길 수 있다. 그런데 거울 앞에 서도 내 얼굴조차 보이지 않는 맨눈으로 밖에 나가면 어찌나 불안하던지. 움직임의 폭도 좁아지고 왠지 모르게 마음도 의기소침해진다. 만약 눈을 질끈 감은 상태에서라면 지금 당장 앞으로 한 걸음 내딛는 것조차 신중해질 것이다.

그래서 우리는 앞의 면접관들처럼 우리에게 기대감을 갖게 해주어 우리의 불안감을 해소시켜줄 것들에 끌리게 된다. 사기꾼들을 보라. 그들은 항상 '미래'에 대해서 이야기한다. 미래라는 건 누구에게나 불확실한, 그래서 누구나 불안을 안고 있는 영역이다. 무슨 일이 일어날지 그 누구도 장담할 수 없다. 이 회사 주식에 투자하면 머지않아 반드시 두세 배의 이익을 볼 수 있을 거라고, 우리랑 같이 일하면 눈 깜짝할 새에 월 천 단위의 수입을 올릴 수 있을 거라고. 지금 당장이라면 전혀 실현 가능성이 없어 보이는 말들이 '조만간', '몇 년 후', '머지않아'라는 말과 함께 미래 시제가 되는 순간 갑자기 혹시 모른다는 생각이 고개를 내밀고 나대기 시작한다. 그래서 저런 걸 누가 믿을까 싶은 사기에 사람들이 넘어가고, 저런 걸 누가 살까 싶은 물건이 팔리는 것이다.

달콤한 제안을 듣는 건 황홀하다. 그 제안이 실현된 미래를 상상하며 그 달콤함 자체를 즐기고 싶을 때도 있다. 하지만 달콤함에 이끌려 따라갔다가 정작 나중에 쓰고 매운 맛만 보게 되면 큰일이다. 그러니 적어도 내가 누군가의 말을 믿고 따르기로 결정할 때에는 상대의 말이 내게 얼마나 기대감을 불러일으키는지가 그 결정의 근거가 되어선 안 된다. 잠시 현실로 돌아와 이 사람이 하는 말이 진짜 믿을 수 있는 참일지, 아니면 허풍만 잔뜩 들어간 거짓일지 검증해보는 시간이 필요하다.

마침 철학에서도 '검증'에 열을 올린 사람들이 있다. 바로 논리실증주의Logical Positivism를 주창했던 이들이다. 논리실증주의는 참인지 거짓인지 검증할 수 있는 문장만이 인지적으로 의미 있는, 다시 말해 우리에게 지식을 제공해줄 수 있는 문장이라고 주장하며 그러한 검증 기준을 마련했다. 맥락은 우리와 조금 다르지만 그 동기는 우리랑 꽤 비슷하다. 헛된 기대를 하고 싶지 않았기 때문이다. 논리실증주의자들은 지금까지의 철학이 어디 자랑스레 내보일 만한 확실한 지식을 찾아내지 못해서 속이 상했다. 다들 세상이 이런 원리 저런 원리로 돌아간다며 자기 말이 맞는다고 주장하는데, 가만히 들여다보면 진짜 그 말이 맞는지 틀렸는지 검증할 방법이 없는 말들만 하고 있다. 이러니 언젠가는 누구 말이 맞는지 밝혀질 거라고 기대해봤자 헛수고다. 정답이 나온다는 보장이 없는 토론을 언제까지고 지켜보고 있을 것인가. 그래서 논리실증주의자들은 전략을 하나 선택했다. 그동안 쌓아온 확실한 지식을 뽐내는 걸로 유명한 옆집 자연과학을 보고 배우는 것이다.

철학에 아니꼬운 시선을 보내는 사람들이 하는 지적 중 하나는 철학이 맨날 똑같은 문제를 고민하면서 제대로 된 답은 내놓지 못한다는 것이다. 좋음이라는 것은 어떻게 정의할 수 있을까, 우리는 대체 어떤 메커니즘을 통해 언어를 사용하여 의사소통을 할 수 있는 걸까, 존재가 선행할까 본질이 선행할까 등등. 누가 봐도 답하기 어려운 질문을 두고 수천 년 동안 그 해답을 고민하는 경우가 태반이다. 질문이 어려운 만큼 누구 말이 정답인지 판단하기도 까다롭다. 그래서 계속해서 새로운 주장들이 나오고 또 그것을 뒤집는 주장들이 등장하는 과정의 연속이었다. 상황이 이렇다 보니 일각에서는 철학이 과연 발전하긴 하는 것이냐는 회의적인 목소리도 내놓는다. 항상 제자리를 맴돌고 있는 것은 아니냐는 우려도 나온다.

그러한 와중에 자연과학은 누가 봐도 확실한 발전을 거듭하게 되었다. 우리는 과학자들 덕분에 이 세상을 더욱 잘 알게 되었고, 그걸 바탕으로 한 기술 향상도 하루가 다르게 이루어진다. 핸드폰의 진화 과정만 봐도 명백하다. 맨 처음 핸드폰이라는 게 출시되었을 무렵 시판된 무전기처럼 생긴 핸드폰부터 시작해서 폴더폰, 슬라이드폰 그리고 아예 차원이 달라진 지금의 스마트폰까지. 하루가 다르게 발전하는 기술이 내놓은 결과물이야말로 과학이 진보하고 있다는 것을 눈으로 확인시켜준다.

그래서 철학자들은 마음이 조급해졌다. 아니, 조급해졌다기보다는 자극을 받았다고 할까. 엄마 친구 딸은 그렇게 잘나간다는데 나도 우리 엄마에게 자랑거리가 될 수 있도록 뭘 좀 이뤄내고 싶어진 것이다. 아인슈타인의 등장과 함께 전 세계가 과학이라는 눈부신 발전을 이루는 학문에 집중하게 되었을 무렵, 철학에서는 이에 고무된 논리실증주의자들이 모였다. 실증주의Positivism란 우리가 실제로 경험하고 검증한 것만이 확실한 지식이라고 보는 관점이다. 논리Logic란 언어를 분석할 때 이야기되는 바로 그 논리를 의미한다. 이 두 용어가 합쳐진 논리실증주의Logical Positivism는 언어적 진술을 분석하는 데 실증주의의 관점을 택하는 철학 사조라고 정의할 수 있다. 이들은 무엇보다 철학도 과학처럼 확실한 진보가 이루어지기를 원했다. 우리도 이제 확실한 답을 내놓아야 할 때가 되지 않았냐는 것이다. 잘나가는 과학을 보니 세계를 알 수 있는 가장 좋은 방법은 직접 경험하고 실험하여 검증하는 것 같은데 철학에서도 이러한 방법을 도입해보자고, 한번 철학을 과학과 동일한 선상 위에 놓아보자고 했다. 그리고 이를 통해 철학에서 세계에 관한 진정한 지식이 나올 수 있을 것이라 기대했다.

　논리실증주의자들은 말한다. 과학에서는 가설을 설정하고 그것이 참인지 거짓인지 검증하는 실험의 결과를 통해 새로운 지식을 얻는다. 그런데 돌이켜 보니 이때까지의 형이상학은 항상 참거짓을 검증할 방법이 없는 주장들만 해왔다. 이게 문제였구나 하고 논리실증주의자들은 무릎을 친다. 어차피 참인지 거짓인지 알 수도 없을 주장이라면 해봤자 무슨 소용이 있나. 답이 무엇인지는 여전히 밝혀지지 않을 테고 그렇다면 아무런 지식도 제공해주지 못한다. 그러니 이제 철학에서도 확실한 지식을 제공해줄 수 있는 진술들만을 의미 있는 것으로 보자. 참인지 거짓인지 검증할 수 있는 문장들로 우리의 지식 체계를 구성하는 것이다. 그간의 형이상학처럼 검증이 불가능한 문장을 걸러내기 위해 특별히 적절한 검증 기준도 세워놨다. 이러한 검증 기준을 통과한 진술만이 비로소 인지적으로 의미를 가지는 것으로 봐야 한다. 참인지 거짓인지 어차피 밝혀낼 수 없는 주장이 대체 우리한테 무슨 지식을 가져다줄 수 있겠는가. 그런 것들은 그냥 비인지적인 의미만, 즉 감정이나 정서를 표현하는 기능만 한다고 생각해도 무방하다!

대표적인 논리실증주의 철학자이며 위와 같은 검증의 기준을 세우는 데에 한 역할을 담당했던 인물이 에이어A. J. Ayer다. 에이어에 따르면 어떠한 진술이 검증 가능하다는 것은 다음과 같은 두 가지 기준을 만족시키는 것이다. 우선 실천적으로 검증 가능할 필요는 없고, 원칙적으로만 검증 가능하면 된다. 우리가 어떤 것을 실천적으로 검증할 수 있다는 것은 우리가 실제로 그 검증을 위해 필요한 수단을 가지고 있음을 뜻한다.

얼마 전에 모 일본 예능을 보다 보니 "풍선을 오렌지 껍질로 문지르면 터진다"가 사실인지 아닌지 아이돌 멤버들에게 검증을 시키는 장면이 나왔다. 이 경우 세트장에 풍선은 물론이요 오렌지 껍질까지 전부 준비되어 있고, 이제 출연진이 그 두 가지를 함께 문지르기만 하면 되었다. 검증을 얼마든지 실천할 수 있는 것이다. 그렇다면 이것은 실천적으로 검증이 가능한 경우다. 반면 지금 당장 그렇게 검증을 실천할 수단을 갖고 있진 않지만, 적어도 어떻게 하면 검증할 수 있을지 계획이라도 짤 수 있는 경우에는 원칙적으로 검증이 가능하다고 말한다. 예를 들어 "우주에서는 풍선을 오렌지 껍질로 문지르면 터진다"라는 검증이 주어졌다면, 분명 지금 당장은 검증하지 못할 것이다. 여긴 지구니까. 하지만 우주선을 타고 지구 밖으로 나가 우주 한가운데에서 풍선과 오렌지 껍질을 들고 비비면 검증 결과가 나올 거라고 예상할 수는 있다. 즉 실천은 못 해도 이론적으로는 가능하다. 이런 경우를 원칙적으로 검증이 가능하다고 일컫는다.

둘째로 에이어는 강한 의미에서가 아니라 약한 의미에서의 검증 가능성을 요구한다. 강한 의미의 검증 가능성은 어떠한 진술의 참거짓 여부가 검증에 의해 아주 확정적으로 결정될 수 있음을 뜻한다. 수학에서의 참거짓처럼 한번 검증이 되면 그 결과가 바뀔 일이 없는 경우다. 약한 의미에서의 검증 가능성은 말 그대로 이보다는 약한 정도의 확정성만을 요구한다. 우리 주변에서 일어나는 사건들이 그저 우연한 확률에 의해 참이 되거나 거짓이 되는 것처럼, 필연적으로가 아니라 개연적으로만 참거짓이 검증 가능하면 된다. 에이어가 이렇게 비교적 낮은 기준의 검증 가능성을 제시한 까닭은 너무 많은 문장이 무의미한 것으로 판단되는 것을 방지하기 위해서였다. 검증 가능성의 기준을 너무 강하게 잡아버리면 당장 우리 일상생활에서 벌어지는 사건들을 이야기할 때도 무의미한 문장 투성이가 되어버릴 테니 말이다.

이러한 검증 가능성 기준에 미치지 못한다면 그것은 인지적으로 무의미한 문장으로 판명이 난다. 우리에게 아무런 지식을 제공해주지 못한다는 것이다. 하지만 그렇다고 해서 아예 무가치하다는 뜻은 아니다. 기존의 형이상학적 진술들이 인지적으로 무의미하다고 아무리 비판을 받더라도, 그것이 문학작품 속에 등장하는 문장이라고 생각한다면 꽤나 멋들어진 문장들인 셈이다. 참인지 거짓인지 판단이 안 되기에 지식적인 면에서는 쓸모가 없을지 몰라도 정서적인 표현으로는 사용될 수 있다.

참고로 소개하자면 바로 이러한 맥락에서 에이어가 주장한 윤리

이론이 정서주의Emotivism이다. "남의 돈을 훔치면 안 된다"와 같은 도덕적 진술은 그게 진짜로 참인지 거짓인지 검증할 수가 없다. 옳고 그름에 객관적인 기준이 있는지 없는지 확인할 수 없고, 그래서 사람마다 하나의 윤리적 진술을 다르게 판단하는 일이 비일비재하기 때문이다. 그래서 에이어는 도덕적인 진술이란 알고 보면 "세상에, 남의 돈을 훔치다니!" 같은 단순한 감정 표현에 지나지 않는다고 주장한다. 인지적으로는 무의미하지만 말하는 사람의 감정을 표현하는 기능을 수행하는 문장인 것이다.

어렸을 때 낯선 사람을 따라가면 안 된다고 배웠던 것을 기억하고 있다. 어른들이 묘사하는 낯선 사람은 대개 사탕이나 아이스크림처럼 달콤한 것을 주겠다며 나를 꾄다. 때때로는 우리 부모님의 이름을 대며 지금 엄마와 아빠에게 사고가 났다고, 병원에 실려 가고 있으니 빨리 함께 가보자며 나의 불안감을 자극한다. 더구나 이 사람은 나에 대해서 이미 많은 것을 알고 있는 것 같다. 내 이름도 알고, 우리 부모님이 누구인지도 알고, 등하굣길에 나를 자주 봤다고 한다. 나에게 확신을 주는 모습으로 자신감 있게 말한다. 어서 나를 따라오라고.

논리실증주의자들이 확실한 지식을 얻기 위해 철학적 논의에 자연과학의 방법을 가지고 왔듯, 내게 제안을 하는 사람을 과연 믿고 따를 수 있을지 고민이 될 때 나는 추억 속 '낯선 사람 경계하기'를 떠올린다. 그리고 그 방법을 적용해본다. 상대가 나에게 흐뭇한 기대감을 선사해준다는 이유로 상대를 믿고 불확실한 영역에 발을 디디는 건 마치 사탕을 줄 테니 같이 가자고 하는 낯선 이를 순순히 따라가는 것과 다를 바 없다. 아무리 상대가 자신감이 넘치고 의도가 좋아도 마찬가지다. 거의 프레젠테이션급으로 계획을 설명하고, 그 계획대로만 되면 탄탄대로라고 나에게 자신만만하게 얘기해도 정작 그 계획을 실현할 능력이 없는 사람이라면 믿고 따르지 못하는 건 매한가지다. 내가 하고 싶은 걸 다 하게 해주겠다며 호언장담하는 사람을 따라나섰다가 하고 싶은 걸 하기는커녕 할 수 있는 것의 가짓수가 줄어드는 상황이 되어서야 안 되지 않겠는가.

그러니 논리실증주의자가 아닐지라도 우리에겐 검증이 필요하다. 이 사람이 나에게 얼마나 기대감을 불러일으키는지는 잠시 제쳐두자. 달콤한 말은 그냥 그 자체로 즐기고 끝내야 하는 것이다. 대신 그 사람이 하는 말이 정말 참이 될지 아니면 그저 말뿐인 거짓으로 끝날지를 고민해보자. 그리고 그 결과가 참이라고 판단된 것만이 비로소 내가 믿고 따를 수 있는 제안일 것이다.

왠지 '쎄한' 느낌이 들어
주저하게 된다면

_스피노자의 코나투스

바뤼흐 스피노자 Baruch Spinoza(1632-1677) 스피노자의 대표적인 책 『에티카』
는 형이상학, 인식론, 윤리학 등 넓은 분야에 걸쳐 스피노자의 생각을 담고 있
다. 그런데 『에티카』는 여느 철학책들과는 조금 다르다. 수학적 증명 방식에 따
라 쓰였기 때문이다. 책의 세 번째 장에서 다루는 내용은 인간의 감정이다. 스피
노자는 이 세상의 만물은 자신의 존재를 지속할 수 있는 방향으로 행동하고자
하는 욕구를 가진다고 말한다. 이 욕구가 곧 '코나투스'이다. 스피노자에 따르면,
코나투스와 합치하는 행동을 할 때 인간은 기쁨을 느끼고, 코나투스와 불합치하
는 즉 내 존재를 지속하는 데 도움이 안 되는 행동을 했을 때에 슬픔을 느낀다.

"'쎄하다'는 건 그냥 감각이 아니라 당신이 수십 년간의 인생을 통해 모아온 빅데이터입니다." 항상 스스로 상기하려고 핸드폰 사진첩에 저장해둔 트위터 명언이다. 나한테 쎄한 사람은 알고 보면 다른 사람도 쎄하다고 느낀다는 일명 '쎄쎄쎄의 법칙' 등 '쎄하다'라는 느낌에 관해 누구나 공감할 수밖에 없는 주옥같은 명언들이 유행했던 것이 얼마 전이다. 다들 알고 있지만 뭐라고 표현하기 어려운 그 부정적인 감정을 '쎄하다'라고 규정하고, 더 많은 사람들에게 이야기될 수 있도록 약간의 개그를 가미한 이 말들이 나는 너무나 반가웠다. 그리고 많은 이들의 공감을 얻을 수 있어서 다행이라고 생각했다. 뭔가 직감적으로 별로라는 느낌이 들면 그 직감을 무시하지 말아야 한다는, 지극히 당연하지만 잊기 쉬운 이 사실을 상기시켜주는 말들이 더 많이 유행했으면 좋겠다는 게 나의 바람이다. 이런 바람은 지극히 개인적인 경험에서 비롯됐다. 내가 그렇게

'쎄한' 느낌을 무시하다가 큰 코를 다친 적이 있기 때문이다.

우리가 시민사회에서 살아가는 한, 성장한다는 것은 곧 사회화가 진행된다는 것과 같다는 생각이 든다. 사회계약론을 주창한 이들은 사회가 곧 사람들 사이의 계약이라고 말했다. 본능을 억누르고 각자의 이익을 위해서 서로 '비즈니스적인 관계'를 맺기로 계약을 한 것이다. 그렇기 때문에 싫어도 싫은 티를 내지 않는다. 계약을 한 이상 파트너 간의 에티켓을 지켜야 매너 있는 시민이 될 수 있다. 아무리 내 마음이 별로라고 말해도 프로다운 모습을 보여주기 위해서 겉으로는 아무렇지 않은 척 누군가와 함께하고 떠맡은 일을 완수한다.

이렇게 프로다운 사회의 일원으로서 맡은 바를 수행할 때 지금 당장 느껴지는 나의 직감을 억눌러야 하는 일이 꽤 자주 발생한다. 뭐라고 콕 집어 이유를 댈 수는 없지만 내 직감이 '싫다'고 말하는 상대가 있다. 하지만 그 사람이 내게 별다른 해도 끼치지 않았는데 내가 이 사람을 대놓고 싫어한다면 그건 사회적인 에티켓에 어긋난다. 그래서 내 직감을 억누르고 나에게 '쎄한' 느낌을 주는 상대를 계속 마주한다. 이게 알고 보면 시한폭탄을 안고 가는 것과 같다는 사실은 아직 모른 채로 말이다. 확실한 근거 없이 내 직감이 야단인 거라고 생각했는데, 종국에는 '쎄한' 느낌이 들었던 상대가 나에게 실제로 안 좋은 일을 저지른다.

진짜 문제는 이렇게 직감을 억누르는 일이 여러 번 반복될 때다. 혹시 한참 동안 타지 않은 자전거를 몇 년 만에 꺼내 타본 적이 있는가? 절대 바로 탈 수 없다. 창고에 처박혀 있는 동안 바퀴는 바람이 빠지고 체인은 녹이 슬어서, 여기저기 손을 보지 않는다면 오랜만에 꺼낸 자전거를 타고 씽씽 달리기란 불가능하다. 직감도 이와 마찬가지다. 계속해서 억누르다 보면 나중에는 아예 직감 자체가 둔해진다. 하지만 사회화라는 것은 의식적으로 직감을 억누르는 과정이 아니었던가. 프로페셔널한 사회인이 되기 위해 직감을 억누를 수 있도록 훈련하는 과정은 종종 오히려 나를 위험에 빠트린다. 계속해서 직감을 무시하고, 내 마음속에서 싫다고 거부하는 것을 멀리하지 못한다. 그리고 결국 내 직감이 싫다고 했던 것이 안 좋은 결과를 불러온다.

애석하게도 이미 안 좋은 결과가 일어난 후에 "그래, 내 본능이 계속 싫다고 말하고 있었지"라고 돌이켜 생각해본다 한들 소 잃고 외양간 고치기에 지나지 않는다. 하지만 앞으로 계속 소를 키울 수밖에 없다면 늦었건 빨랐건 어쨌든 외양간은 고쳐놓아야 한다. 잃어버린 소는 아깝지만 그렇다고 두 손 놓고 앞으로도 다 털리든지 말든지 하며 외양간을 돌보지 않으면 큰일이다. 이런 이유로 나는 최근 몇 년간 내 직감이 시키는 대로 행동하는 연습을 의식적으로 하고 있다. 그렇다고 해서 본능에 따라 하고 싶으면 하고, 하기 싫으면 그만두는 방만한 생활을 목표로 한다는 것은 아니다. 다만 무엇인가에 착수하려 할 때, 갑자기 피부 끝에서 '쎄한' 감각이 느껴진다면 절대 그것을 무시하지 않기로 했다. 아무리 사회인으로서의 체면이 서지 않는다고 해도 내 직감이 싫다고 하는 것은 계획을 변경해서라도 가까이 하지 않기로 한 것이다.

그 결과 최근 몇 년간의 삶은 이전보다 훨씬 평화롭다. 내가 뭐하러 그렇게 나의 본능적인 느낌을 거스르면서까지 싫은 사람을 만나고, 싫은 일을 했는지 이해가 안 갈 정도다. 그렇게 꾸역꾸역 억누른 결과가 좋은 것도 아니었는데 말이다. 오히려 머리로 이게 좋겠지 저게 좋겠지 하며 괜히 힘들여 판단하려고 애쓰는 것보다 별생각 하지 않고 직감을 따르는 것이 내게 훨씬 좋은 결과를 불러오는 것 같다는 느낌도 받는다. 나의 직감은 내게 실제로 도움이 되는 게 무엇인지 이미 알고 있는 게 아닐까 싶은 생각도 든다. 그러다 보니 퍼뜩 생각이 났다. 스피노자의 『에티카』가. 누가 가장 좋아하는 철학자가 누구냐고 물어보면 한껏 신이 나서 스피노자라고 대답하는 주제에 정작 스피노자의 철학에서 가장 중요한 부분을 삶에 적용하는 데에는 어두웠다니. 자조적인 웃음이 나왔다.

스피노자는 이 세상에 있는 모든 것이 본성상 가능한 한 자신의 존재를 지속하려고 노력한다고 말한다. 이 노력을 '코나투스'라고 부르는데, 코나투스는 곧 모든 존재의 본질이라고 할 수 있다. 이 말은 만물이 서로 공통적인 본질을 공유하고 있다는 뜻은 아니다. 오히려 스피노자는 사물의 본질이라는 걸 개개의 사물이 고유하게 갖고 있는 부분으로 보았다. 다만 세상의 모든 사물이 본성적으로 코나투스를 가지고 있다는 의미에서 코나투스를 모든 존재의 본질이라고 했다.

덕분에 우리는 이러한 코나투스에 따라 행동하도록 결정되어 있다. 흔히 인간에게 자유의지라는 게 있다고 생각하는 사람들이 많지만, 스피노자가 보기엔 그건 사실이 아니다. 우리는 언제나 코나투스가 우리를 충동하는 대로, 즉 최대한 우리 존재를 지속하는 데 도움이 되는 방향으로 생각하고 또 행동한다. 스피노자의 용어를 사용해 말하자면 나의 실존 역량을 증대시키려고 노력한다고 할 수 있다. 참고로 이러한 관점에 따르면 스스로 목숨을 끊거나 자신에게 해를 입히는 일은 결코 나의 본성에 따른 행위가 아니다. 나는 본성적으로 내 존재를 지속시키는 방향으로만 움직이려 하기 때문이다. 나는 오로지 내가 더 완전하게 존재할 수 있도록 노력할 뿐이다.

건강한 신체를 가져야 오래 산다는 건 자명하다. 과학기술이 발전하면서 우리가 살기 더 편해졌다는 것도 사실이다. 내 존재의 지속 정도, 즉 실존 역량을 높이기 위해서는 그래서 나의 신체 능력(신체 역량)과 나의 정신 능력(정신 역량)이 향상되면 향상될수록 좋다. 바로 이 대목에서—조금 의외일 수도 있겠지만— 우리가 느끼는 감정이라는 게 무척 중요해진다.

기분이 안 좋은 날은 왠지 모르게 몸이 축축 처지는 것을 경험해본 적 있을 것이다. 반면 기분이 좋으면 누가 시키지 않아도 길거리를 방방 뛰어다니고 싶어진다. 나는 운동을 하기 전에 항상 커피를 진하게 타서 마시고 가는데, 이건 몸의 근육을 깨우기 위해서이기도 하지만 동시에 기분을 끌어올리기 위해서이기도 하다. 기분이 좋아야 몸도 잘 움직인다. 그런데 스피노자에 따르면 신체 역량이 곧 정신 역량을 결정한다('몸을 잘 써야 머리도 잘 쓸 수 있다' 편 참조). 신체로부터 더욱 다양한 자극을 받아야 우리가 형성하는 관념도 더욱 다양한 종류가 생기기 때문이다. 그래서 나의 정신은 최대한 내게 기분 좋은 것을 떠올리려 한다고 스피노자는 설명한다. 내 기분을 좋게 만들어 신체 능력을 향상시키고, 결과적으로 나의 정신 능력을 증대시키는 것이다. 내 머리가 좋아지면 내가 보다 지속적으로 존재할 수 있는 방법도 더 많이 알게 될 것이다.

좋은 기분을 느낌으로써 나의 실존 역량이 증대되기도 하지만, 그렇게 실존 역량이 증대됨으로써 그 결과로 기쁨을 느끼기도 한다. 내 실존 역량이 증대되었다는 것은 내 존재가 보다 완전함에 가까워졌다는 뜻이다. 기쁜 것이 당연하다. 반대로 나의 실존 역량이 감소하면 나는 슬픔을 느낀다. 물론 슬픈 기분 자체가 실존 역량의 감소를 가져오기도 하고 말이다. 기분이 안 좋으면 어디 나가기도 싫다. 어디 나가는 것뿐인가. 그냥 아무것도 하기가 싫다. 정신 역량이 감소해서 그런지 일도 손에 잘 잡히지 않는다.

이것만 보아도 우리가 직감적으로 좋은 기분이 드는 사람을 만나고 내 기분을 좋게 만드는 일을 하며, 그 반대의 경우는 피해야겠다는 것을 이해하기에 충분하다. 내가 느끼는 기쁨과 슬픔이라는 정서가 곧 나의 실존 역량의 증대와 감소를 알려주는 표지라는데, 그렇다면 직감적으로 싫다는 느낌이 드는 것은 나의 코나투스가 "실존 역량 감소!"라고 경보를 울리고 있는 것 아니겠는가. 그게 사실이라면 구태여 내 실존 역량을 떨어트리는 일을 하고 싶진 않다. 프로 사회인이 되고 싶어서 나의 직감을 무시했던 것인데 그게 결국 내게 위험을 불러오는 행동이었다면 프로 사회인이 다 뭔가,

그냥 직감을 따라야지 싶다. 여기서 살짝 궁금해지기 시작한다. 그렇다면 내게 도움이 되는 게 어떤 것인지 정확하게 판단하지 못하는 상황에서도 나는 직감적으로 내게 도움이 되는 게 뭔지 이미 느끼고 있다는 건가?

.（.

 뻔히 무엇이 내게 도움이 될지 아닐지 눈에 보이는 경우도 있다. 지금 내가 냉장고 문 틈새에 손가락을 넣고 세게 쾅 닫는다면 이건 굳이 해보지 않아도 내 실존 역량을 감소시킬 게 뻔하다(슬프게도 방금 실제로 찧고 온 참이다). 만약 이렇게 손가락을 찧어서 멍만 드는 것이 아니라 피까지 나고 있다면 세균 감염이 되든 말든 신경 쓰지 않고 가만히 놔두는 것보다 연고를 발라서 무언가 조치를 취하는 게 상처를 빨리 아물 수 있게 하는, 즉 나의 실존 역량을 높이는 행동이라는 것도 명확하다. 이렇게 명확하게 무엇이 내게 도움이 될지 아는 경우는 대부분 우리가 대상의 본질을 제대로 파악하고 있을 때다. 손가락을 찧으면 고통스럽다, 상처를 소독하지 않으면 감염이 될 수 있다 등 우리가 쌓아온 경험과 배워서 알게 된 이성적인 지식을 통해 우리는 참된 관념을 얻는다. 이를 스피노자는 '적합

관념'이라고 부른다. 그리고 우리가 적합관념에 의거해 행동할 때 우리의 실존 역량이 증대되며, 그래서 기쁨이 느껴진다고 설명한다.

그런데 이 적합관념에는 꼭 경험하거나 배워서 알게 된 것만 속하는 것은 아니다. 그냥 보자마자 바로 대상의 본질을 파악하게 되는 '직관지'라는 것도 있다. 혹시 외국어를 배울 때 이런 경험을 한 적이 있는가. 독일어로 예를 들자면, 형용사 어미변화에 규칙이 정해져 있음에도 불구하고 불규칙하게 변하는 예외적인 케이스가 너무나 많다. 그러면 대체 규칙은 왜 있는 거냐는 반발심과 함께 예외적인 케이스를 언제 다 외우나 싶어서 머리를 싸매게 된다. 그런데 그러한 예외적인 케이스를 주욱 보고 있노라면 어느 순간 처음 보는 예외적인 단어를 두고서도 "아 얘 이렇게 변하겠구나" 하고 딱 감이 오는 때가 있다. 실제로도 그게 정답이고 말이다. 이런 게 바로 직관지이다. 그동안 적합관념을 쌓아둔 보람이 있었다. 참된 관념을 많이 접해둔 것의 경험치가 쌓여서 이제 무언가를 처음 봐도 직관적으로 딱 파악할 수 있는 경우가 생기게 된 것이다.

하지만 항상 이렇게 제대로 된 관념을 갖게 되는 건 아니다. 길을 걷다가 발이 아픈 날은 신발이 문제라고 판단을 내릴 수 있다. 그런데 나중에 신발을 바꿔 신어도 똑같이 발이 아프다. 알고 보니 원인은 신발이 아니라 너무 길게 자란 발톱. 나는 죄 없는 신발을 두고 잘못된 판단을 한 것이다. 운동화라는 대상의 본성만 깔끔하게 파악했으면 좋았을 텐데 아쉽게도 거기에다가 내 발이 아프다는 감정을 뒤섞어버려서 이런 잘못된 판단이 나왔다. 가끔은 실제 대상이 진짜로 어떠한지와 관계없이 내가 멋대로 상상함으로써 잘못된 판단을 내리기도 한다. 이런 건 대상의 본질을 제대로 파악해내지 못하는 '부적합관념'이다. 부적합관념에 따라 행동하면 올바른 판단이 아니기 때문에 내게 도움 되는 결과가 도출되지 않는다. 실존 역량 증대에 전혀 도움이 안 되는 것이다. 그래서 결과적으로 내 기분도 좋지 않아진다.

그런데 앞서 언급된 바와 같이, 내가 갖는 관념은 나의 신체가 받는 외부 자극을 통해서 얻어지는 것이었다. 그런데 이렇게 내가 받는 자극 그 자체뿐만 아니라 내게 자극을 일으키는 대상에게 일어나는 모든 일 또한 나에게 필연적으로 지각된다고 스피노자는 말한다. 내가 의식하든 의식하지 못하든 말이다. 그래서 결과적으로 나는 내가 지각했다고 생각한 것보다 더 많은 것을 지각하고, 따라서 의식한 것보다 더 많은 관념을 가지게 된다. 이런 점을 고려해보면, 내가 무언가를 두고 '쎄한' 감정을 느낄 때 그 이유를 정확하게 설명하지는 못하지만 분명히 이것이 내 실존 역량을 감소시킬 것임을 나는 이미 알고 있는 것인지도 모른다. 다만 내가 스스로 의식하지 못할 뿐인 것이다. 그래도 내가 형성하게 된 관념에 따라오는 정서만큼은 확실하게 느낄 수 있다. 어떤 관념을 얻었는지 의식하진 못하니 이유를 확실하게 설명할 순 없지만 왠지 기분이 나쁘고, 또 괜히 신이 난다. 이게 내가 느끼는 본능적인 직감이 아닐까 싶다.

마스다 미리의 『영원한 외출』에 나오는 구절로 기억한다. 무언가가 본능적으로 싫을 때 그것을 남들을 의식해서 그냥 해야 하나 고민되는 순간. 그럴 때 내 마음속에 어떤 애가 살고 있고, 그 애가 싫다고 말하고 있다고 상상하면 남들 앞에서 거절하기가 쉬워진다는 문장이었다. 한창 직감이 전하는 신호를 무시하지 않기로 신경 쓰고 있던 차에 발견한 대목이라 더없이 반가웠다. 물론 바로 실천에 옮겨보았다. 효과는 만점이었다.

내 직감이 내가 하려고 결정한 일을 하기 싫다고 말해도 당장 그 일을 거절할 뚜렷한 이유가 없다면 '그냥 싫다'는 이유만으로 내게 맡겨진 일을 저버릴 수가 없다. 그래서 차라리 내 직감을 억누르고 만다. 그런데 내 마음속에 사는 어떤 아이가 싫다고 얘기하고 있는 걸 상상하니 내가 저버리기 어려운 상대가 한 명 늘어났다. 사회의 프로페셔널한 일원으로서 아무리 소수라도 누군가의 의견을 무시하면 안 되는 것 아니겠는가. 더구나 무언가를 하자고 하는 사람과 하기 싫다고 말하는 사람 사이에 서 있는 상황이다. 싫다는 사람에게 무언가를 강요하는 건 특히나 꺼려지는 일이다. 그래서 내 마음속 아이의 편을 들어준다. 죄송하지만 이 일 안 하겠습니다. 사회화가 너무 많이 진행된 이들에게 안성맞춤인 방법이었다고 할까. 나는 평소보다 훨씬 수월하고 단호하게 내 직감을 따라 상대방에게 거절의 의사를 표할 수 있었다.

사회화가 덜 진행되었던 어렸을 때의 나는 지금보다 훨씬 좋고 싫음을 솔직하게 표현하는 아이였던 것으로 기억한다. 특별한 이유가 없어도 개의치 않고 싫으면 싫다고 말했다. 그야말로 어린아이였으니 가능한 일이기도 했을 터이다. 나를 보호해줄 엄마가 아니라 내가 직접 얼굴을 내밀고, 그만큼 내가 스스로 책임져야 할 일이 많아지면서 싫은 느낌이 들어도 그걸 무시하자고 마음먹는 일도 많아진다. 하지만 내가 쌓아온 '빅데이터'는 알고 있는 것이다. 내 눈앞에 있는 무언가가 내 실존 역량을 증대시킬지 아니면 감소시킬지. 그래서 내 마음속에 살고 있는, 좋고 싫음을 따박따박 표현하던 과거의 내가 소리친다. 그거 싫다고. 하지 말라고. 한동안 이렇게 떼쓰는 아이에게 줄곧 무관심으로 일관해왔는데, 그런 내가 조금 미안해진다. 이제 아이의 말에 귀 기울여줄 때인 것 같다.

Chapter 2.

"고민이 많은 게
고민입니다"

고민을 합리적으로
해결하도록 도와주는
철학 기술

내가 모른다는 것을
남들이 알아챌까 두렵다면

_흄의 인상과 관념

●

데이비드 흄 David Hume(1711~1776) 흄은 18세기 스코틀랜드에 살았던 철학자로, 영국 경험주의를 대표하는 인물이다. 경험으로 감각하지 않은 것은 결코 머릿속에 있을 수 없다고 주장했다. 흄에 의하면 내 머릿속에 있을 수 있는 건 오직 '인상'과 '관념'인데, 인상은 우리가 감각기관을 통해 직접적으로 지각하는 것이고, 관념은 그러한 인상을 기초로 만들어져 우리 의식에 나타나는 '덜 생생한' 지각이다. 이로부터 우리가 무언가를 머리로 알기 위해서는 우선 인상이 필요하고, 따라서 경험부터 해야 한다는 결론이 도출된다.

단행본 작업을 시작하면서 새롭게 깨달은 것이 있다. 독자는 솔직한 글을 좋아한다는 것. 대단한 사건을 기술할 필요도 없다. 일상의 아주 작은 부분일지라도 내가 진솔하게 이야기를 털어놓으면 읽는 사람은 귀신같이 그걸 알아보고 관심을 주기 시작한다. 오히려 무언가 그럴듯한 이야기를 쓰겠다고 어디선가 주워들은 사건을 인용하고, 내가 알고 있는 어려운 어휘들을 총동원해봤자 돌아오는 것은 떨떠름한 반응이다. 글쓴이가 정말 하고 싶은 '말'을 하고 있는 것이 아니라 단순히 '글'을 쓰고 있다는 것을, 읽는 이가 바로 눈치채버리는 것이다.

이 사실을 알게 되기 전까지는 글을 쓰기 전에 어떤 말로 시작해야 할까, 어떻게 하면 읽는 사람에게 깊은 인상을 남길 수 있을까 하는 고민을 했다. 그런데 이렇게 쓰인 글은 전혀 재미있게 읽히지 않는다는 것을 알고 나니 오히려 글을 쓰는 것이 덜 부담스러워졌다. 그저 솔직하게 내가 경험하고 느낀 바를 털어놓는 것으로 시작하면 되는 것이니까. 솔직한 글이 좋은 글이라는 말은 분명 지금까지 몇 번은 들어왔을 텐데, 이렇게 직접 겪고 나서야 겨우 그 말의 뜻을 진정으로 알게 된다.

진솔한 글이 얼마나 중요한지를 알게 되니 덤으로 자연스레 깨닫게 된 것이 또 있다. 글을 잘 쓰려면 다양한 경험을 해봐야 한다는 것. 이건 단순히 글을 쓰는 사람에게만 국한된 것이 아니라 창작을 하는 사람이라면 누구에게나 해당하는 말일 것이다. 읽고 보는 이에게 내가 전달하고자 하는 메시지를 마음에 와닿게 설명하기 위해서 내가 경험한 바를 솔직하게 털어놓는 게 중요하다면, 많은 경험을 한 사람일수록 더 많은 메시지를 효과적으로 전달할 수 있을 것이 분명하다. 좋은 작가는 많은 경험을 해본 사람이라는 것도 절대 지금 처음 듣는 말이 아니다. 이제까지 수도 없이 들은 말. 하지만 이전까지는 그저 듣기만 했지 결코 알 수가 없었다. 내가 직접 겪기 전까지는 말이다.

철학에도 이렇게 직접 겪어보는 것의 중요성을 역설한 사람들이 많이 있었다. 우리가 아는 것은 전부 경험에서 비롯된다고 생각한 이들이다. 이러한 '경험주의' 철학자로 빼놓을 수 없는 인물이 영국의 데이비드 흄이다. 『인간 본성에 관한 논고』를 통해 흄은 인간의 정신에 들어 있는 내용은 크게 두 가지로 나눌 수 있다고 설명한다. 한 종류는 인상impression 이며 다른 한 종류는 관념idea 이다. 이 두 가지를 아울러 흄은 지각perception 이라고 부른다.

이름만 놓고 보면 인상은 외부 사물을 경험함으로써 얻어지는 것 같고, 관념은 보다 사고와 관련된, 다시 말해 생각하는 것과 관련이 있는 게 아닌가 싶다. 맞다. 인상에는 감각이나 정서가 속하고, 따라서 굉장히 생생하게 지각된다고 흄은 설명한다. 관념은 이보다는 덜 생생하다. 경험에서 직접 얻는 것이 아니라 머릿속으로 생각을 하거나 추론을 하는 과정에서 쓰이기 때문이다. 그런데 이 두 가지의 관계에 있어서 중요하게 짚고 넘어가야 할 점이 있다. 그것은 바로 관념이 인상의 복사본이라는 것이다. 그래서 특정한 관념이 만들어지기 위해서는 우선 거기에 대응하는 인상이 먼저 있어야만 한다.

흄이 제시하는 가장 유명한 예시는 바로 색깔이다. 시력이 없는 상태로 태어난 사람이라면 태어나서 단 한 번도 노란색을 본 적이 없을 것이다. 여기서 흄은 묻는다. 이렇게 노란색을 경험하지 못한 사람이 과연 노란색의 관념을 가질 수 있겠냐고. 차마 그럴 수 있을 거라고 대답할 수가 없다. 그래서 흄은 인상이 관념의 원인이 된다고 결론을 내린다. 따라서 우리가 어떠한 관념을 얻고 싶다면 먼저 그 관념을 만들어낼 수 있는 인상을, 해당되는 경험을 통해 얻어야 한다. 흄은 이에 덧붙여 만일 우리가 가지고 있는 관념이 정말로 근거가 있는 타당한 것인지 알고 싶다면 그것이 어떤 인상에서 유래했는지 살펴보면 된다고 이야기한다. 해당하는 인상, 즉 경험도 없으면서 도출해낸 관념은 근거 없는 관념이라는 것이다.

경험으로부터 받게 되는 인상 그리고 인상으로부터 얻어지는 관념. 흄은 우리가 내뱉는 말 또한 이러한 인상과 관념이 있어서 비로소 그 의미를 갖게 된다고 생각했다. 만약 내가 "글을 쓴다"라는 말을 했다고 쳐보자. 내가 이런 말을 할 때 이 말이 아무런 의미 없는 '소리'가 아니라 뜻을 지닌 '언어'가 되기 위해서는, 실제로 내가 글을 쓰는 경험에서 받아들인 인상 또는 그로부터 복사된 관념이 있어야만 한다는 것이 흄의 주장이다. 그래야 비로소 "글을 쓴다"라는 나의 말이 그러한 내용을 표현해줄 인상이나 관념을 가리킬 수 있다. 그간 암만 들어도 좀처럼 의미가 와닿지 않았던 글쓰기에 관련한 사실들을, 내가 직접 경험해보고 나니 그제야 비로소 그 말 뜻이 이해가 되는 것은 바로 이런 까닭인가 싶다.

새로운 경험을 하는 건 누구에게나 어느 정도 두려움을 수반하는 일이다. 어른이 되면 무엇이든 척척 알고 있어야 한다는 생각이 박혀 있어서 그런지, 내가 뭘 모른다는 사실이 이상하게 사람을 주눅 들게 한다. 블로그의 리뷰 문화가 활발해진 데에는 다들 처음이라는 티를 내지 않으려고 열심히 사전 조사를 해온 것이 한몫하지 않았을까 하는 생각마저 든다. 하지만 이렇게 '뭘 좀 아는' 사람 코스프레를 한다고 해서 그것이 진짜 내 앎이 되는 건 아니다. 나에겐 그 관념에 인상이 없기 때문이다.

앎이 경험으로부터만 나올 수 있다면 이제 별다른 도리가 없다. 인상 없는 관념만 열심히 머릿속에 집어넣는 것은 멈추고 직접 경험을 하러 나가는 수밖에. 게다가 이건 달리 말해 '뭘 좀 아는' 사람들과 자신을 비교하며 주눅 들 필요가 없다는 뜻도 된다. 그들도 처음엔 나처럼 뭘 몰랐을 테니까. 그들도 다양한 경험을 직접 해오면서 앎을 쌓아왔을 것이다.

입장을 바꿔 생각해봐도 마찬가지다. 내가 나를 '뭘 좀 아는' 사람이라고 생각하고 있을 때, 도저히 나로서는 이해가 안 되는 말을 마치 엄청난 진리인 것처럼 역설하고 있는 사람을 만난다면, 아마

나는 틀림없이 상대방을 뭘 모르는 사람이라고 생각할 것이다. 하지만 누가 알겠는가. 그 사람이 경험한 것을 나는 경험해보지 못해서 그의 말이 내게 의미 없이 들리는 것일지. 그동안 나름 글 좀 쓴다고 자부해왔지만 나는 여전히 너무 뭘 몰랐던 것처럼. 글쓰기의 가장 중요한 기본인 진솔함을 열심히 외치던 글쓰기 선배들에게 미안해지는 순간이 아닐 수 없다.

그러니 이제 결론은 하나다. 더 많은 것을 더 잘 알기 위해서 앞으로 더 많은 경험을 쌓아나가야겠다는 것. 이런 뜻으로 쓰이는 말은 아니지만, 무식한 게 용감하다는 말도 있지 않은가. 그래서 나도 용감하게 경험해볼 작정이다. 흄이 한 말을 의지 삼아, 조금 덜 두려워하고 또 조금 덜 아는 체하면서.

착해서 자꾸만
호구가 되는 것 같다면

●

심리적 이기주의 Psychological Egoism 인간이 하는 모든 행동은 그 궁극적인 동기를 살펴보면 결국 자기 자신의 이익을 염두에 두고 있다는 관점이다. 제레미 벤담이나 토마스 홉스와 같이 인간의 본성이 이기적이라고 가정한 철학자들이 이러한 관점을 취하고 있다. 다만 이 철학자들이 직접 본인들의 입장을 심리적 이기주의로 정의한 것은 아님에 주의하자. 심리적 이기주의는 윤리학과 관련해 꽤나 자주 논해지는 주제이긴 하지만 철학에서는 어디까지나 부수적인 위치에 머물고 있으니까. 심리적 이기주의에 반대되는 입장은 심리적 이타주의 Psychological Altruism로, 인간이 하는 행위의 동기가 종종 완벽하게 이타적일 수 있다고 생각하는 관점이다.

며칠 전 '박애주의자'라는 말을 들었다. 내 글에 달린 댓글에 꽤 정성을 들인 답글을 달았더니, 얼굴도 모르는 사람에게 이모티콘까지 담은 장문의 댓글을 달아주다니 박애주의자이신가 보다, 그 따뜻한 마음씨가 고맙다는 반응이었다. 이 말을 들은 나는 웃어야 할지 울어야 할지 모르겠는 기분이 들었다. 결코 비아냥거리는 투는 아니었고 오히려 칭찬에 가깝다면 가까웠지만 나는 기분이 좋다기보다는 오히려 어딘지 불안한 마음이 되었다. 그리고 자동적으로 내 머릿속에는 내가 박애주의자가 아님을 변명할 거리가 떠오르기 시작했다. 첫째, 댓글 다신 분이 요즘 고민이 많다고 하셨잖아요. 차마 단답형으로 일관할 수 없었어요. 둘째, 저는 그렇게 인류애가 넘치는 사람이 아니랍니다. 모든 이들을 사랑의 눈길로 봐줄 수 있을 만큼 마음이 넓지 않아요. 그러다가 문득 생각했다. 왜 나는 내가 박애주의자가 아니라고 증명하려 하는 걸까?

뜻만 놓고 생각하면 당연히 덕담이다. 바라는 것 없이 모든 사람을 위해 호의를 베푸는 사람이라고 칭해주는 것 아닌가. 그런데 내가 이걸 칭찬으로 받아들일 수 없었던 이유는, 그것이 곧 내가 착하다는 말로 들렸기 때문이다. 요즘 세상에선 "너 정말 착하다"라는 말을 듣는 게 마냥 기분 좋은 일만은 아니다. 오히려 이런 말을 칭찬의 정반대 의미로 사용하는 사람도 많다. "사람이 너무 착해서"로 시작하는 말은 주로 결국 그 사람이 선한 심성 때문에 손해를 봤다는 말로 끝나곤 한다. 남한테 퍼주기만 하는 사람을 보고 우리는 착하다고 말하지만, 그 착하다는 말 안에는 너무 순진해서 큰일이라는 우려도 살짝 내포되어 있다. "착한 일을 하면 복을 받는다"라는 말보다는 "착하면 호구가 된다"라는 말이 진리로 받아들여지고 있는 요즘, 착하다는 말을 들으면 기쁘기보다는 순간 멈칫하게 되는 것이 당연하다.

호구 짓을 안 했으면 착하다는 말을 아무리 들어도 별 거리낄 것이 없겠지만, 착하다는 말에 내가 오히려 발끈하고 마는 것은 어쩌면 내가 종종 호구 짓을 한다는 사실을 스스로 인지하고 있기 때문인지도 모르겠다. 나는 견종으로 치면 코커스패니얼이 아닐까 싶은 생각이 든다. 기본적으로 사람을 좋아한다. 어릴 때 낯선 사람을 보면 경계해야 한다는 교육을 받지 않은 것도 아닌데, 나는 내가 마주하는 사람이 기본적으로 좋은 사람이리라는 생각을 은연중에 하곤 한다. 그래서 직접적으로 데이지 않는 이상 상대방에게 나도 좋은 사람이 되고 싶어진다. 그 사람을 기쁘게 해주고 싶다는 요상한 마음이 발동하는 것이다. 그래서 상대방을 위해주느라 정작 내 편의는 뒷전이고, 내 기분이 내키지 않아도 상대방의 기분을 먼저 생각해주는 때가 발생한다. 그러다 보니 실제로 손해를 보는 경우도 왕왕 발생하고 그걸 보고 주변에서 이타적이다, 착하다는 평가를 내리곤 한다.

이런 와중에 온라인상에서도 착하다는 말을 듣자 훅 찔려서 그걸 부정하고 싶어지는 것이다. 원래 진짜 바보한테 바보라고 하면 큰일 나는 것처럼. 게다가 일대일의 관계에서 친절하다는 말도 아니고, 이젠 박애주의자라는 말을 듣다니. 이거야 원, 스케일이 너무 크다. 이기적인 사람이 되자는 것을 새해 목표로 삼을까 싶은 마당에 오히려 그 반대에 가까워진 것은 아닐까 걱정도 든다. 어떻게 하면 좀 더 약아질 수 있을까 하는 고민 아닌 고민에 빠져 있을 무렵, 잠시 스스로에게 물어볼 필요가 있다는 생각이 들었다. 나는 정말 착한 것일까? 내 이익만 앞세우지 않고 상대를 위해 베푸는 그런 호구… 아니, 이타적인 행위를 하고 있는 게 맞을까? 왜냐하면 착하다고 비치는 나의 행동은 어쩌면 이타적인 것과는 거리가 먼, 오히려 철저하게 나의 이익을 계산한 결과일지도 모르기 때문이다.

·（·

도덕적인 행동, 즉 윤리적인 행동이란 무엇일까? 윤리학에서 곧잘 나오는 대답은 나 자신의 이익을 염두에 두지 않고 오직 상대방을 생각하며 하는 행동이라는 것이다. 방금 우리가 논의했던 착한 행동, 즉 이타적인 행동이 윤리적이라는 입장이라고 볼 수 있다. 그러나 이러한 이타적인 행동이 인간의 본성상 결코 가능하지 않다고 주장하는 이들이 존재한다. 바로 심리적 이기주의를 지지하는 사람들이다. 이들은 인간이 하는 모든 행동은 궁극적으로 무조건 자기 이익을 추구하는 행동이라고 말한다.

내가 모르는 사람에게 내 시간을 투자해가면서까지 길고 긴 답변을 친절하게 달아주었던 것을 떠올려보자. 심리적 이기주의 입장에서 이런 행동은 결코 내가 아무 조건 없이 상대방을 위해 한 행동이 아니다. 다만 내가 그렇게 친절한 댓글을 닮으로써 내가 스스로 얻게 될 만족감—"나는 친절한 사람이야"—을 위해서, 또는 그렇게 하지 않았을 때 받을지도 모르는 비난을 피하기 위해서—

"답글을 안 달면 이 사람이 나보고 매정하다고 하겠지"— 선택한 행위라고 해석한다. 다시 말해, 아무리 겉으로 이타적으로 보이는 행위라 할지라도 그 궁극적인 동기를 찾아 올라가 보면 결국 자기 자신의 이익을 위한 행동이라는 것이다. 따라서 자신의 이익은 일절 생각하지 않는 진정한 이타주의라는 것은 존재할 수 없다고 결론 내린다.

그런데 여기서 눈에 띄는 점은 심리적 이기주의가 초점을 맞추는 부분이 행위의 '동기'라는 사실이다. 이들은 인간 행동의 동기를 찾아 올라가 그것이 예외 없이 이기적이라는 사실을 주장할 뿐이지, 그러한 동기로부터 나온 행위가 결과적으로 윤리적인지 아닌지를 따지는 데에는 관심이 없다. 그래서 심리적 이기주의는 윤리학의 이론으로 분류되지 않는다. 하지만 윤리학에 중요한 논쟁거리를 제공한다. 만약 심리적 이기주의가 맞는다면, 다시 말해 이타주의라는 것이 결코 가능하지 않다면, 그간 이기적이지 않은 행위만이 윤리적일 수 있다고 정의했던 윤리학 이론은 전부 틀렸다는 결과가 나오기 때문이다.

칸트의 이론이 대표적으로 그런 경우다. 칸트에 따르면, 어떤 행동을 윤리적이라고 판단할 수 있기 위해서는 그 행동의 동기가 오로지 의무로부터만 나와야 한다. 무조건 "그렇게 해야만 하니까 했다"여야만 도덕적인 행위로 인정을 받는다. 이러한 연유로 윤리학의 입장에선 심리적 이기주의가 과연 맞는지 아닌지를 따지고 싶어진다. 그러나 문제는 그 답을 찾기가 불가능하다는 데에 있다. 왜냐하면 심리적 이기주의는 반증이 불가능하기 때문이다.

어떤 이론이 반증이 불가능하다는 것은 그 이론을 반박할 증거를 찾을 수가 없다는 뜻이다. 올겨울 버스에서 라디오를 통해 들었던 뉴스 중에 이런 게 있었다. 보육원인지 사회복지원인지 하는 시설에 벌써 20년이 다 되도록 매년 크리스마스마다 거액의 돈을 몰래 두고 가는 얼굴 없는 산타가 있다는 이야기였다. 그런데 매년 이렇게 선물을 두고 가다 보니 이젠 그 사실을 아는 사람도 많아져서 그걸 중간에 몰래 가로채려고 하는 사람들이 많이 등장했다는 웃지 못할 소식도 함께 나왔다. 이 때문에 올 크리스마스에는 경찰까지 산타의 선물을 지키려고 나섰다나. 아무튼 이와 같은 어려운 이웃을 향한 산타의 기부 행위는 지극히 윤리적인 것처럼 보인다. 솔직히 말해 돈은 많을수록 좋은 게 당연하지 않은가. 그런데 거액의 돈을, 그것도 매년 다른 이들을 위해 내놓는 것이다. 그것도 자신의 신상은 철저하게 비밀로 유지한 채로. 그렇다면 이건 명예를 위해서 하는 기부도 아닐 테다.

이 예시를 두고 누군가가 "사적인 명예를 바라지 않은 채 거액의 돈을 기부한 이 사람의 행위는 이타적이다"라고 말한다. 심리적 이기주의를 반박할 생각으로 말이다. 그러면 심리적 이기주의 측에서는 이렇게 방어할 수 있다. "다른 사람들을 몰래 도와준다는 데에서 오는 개인의 만족감이 동기로 작용한 것 아닌가? 그렇다면 이건 이기적인 행위가 맞지 않나?" 쩝. 딱히 할 말이 없다. 그래도 다시금 반박할 수 있을 만한 것을 끌어모아 시도해본다. "알고 보니 저 산타가 그런 사사로운 만족감은 전혀 못 느낀다더라. 그야말로 어려운 사람을 돕는 게 옳으니까 그런 일을 했을 뿐이라고 했다더라. 자, 이러면 이타적인 행위가 맞지 않나?" 그러면 다시 심리적 이기주의 진영이 말한다. "그런 의무감을 해소하지 않으면 본인이 도저히 마음이 편치 않을 것 같으니 기부한 것 아닐까? 결국 이 또한 궁극적으로 보면 자신이 편한 마음으로 있으려는 이기적인 행위 아닌가?" 이쯤 되면 그냥 말을 말자 싶어진다. 뭔 수를 써도 어차피 이런 식의 방어에는 당해낼 도리가 없다. 도저히 반증이 불가능하다.

학문적인 이론에 있어서 반증이 불가능하다는 건 결코 칭찬이 아니다. 반박이 먹히지 않으니 난공불락의 요새처럼 어떤 반박이 들어와도 방어가 가능하지만, 그렇기 때문에 앞으로 나아가지 못한다. 다른 이론들과 소통하면서 발전할 수가 없다. 그야말로 '고인물'이 되는 것이다. 이러한 이유로 심리적 이기주의는 윤리학의 논의에서 적극적으로 이용되지 못하고 어디까지나 "이런 것도 있다"라고 소개되는 데 머무르곤 했다.

· ☾ ·

윤리학에서 심리적 이기주의가 갖는 의의는 잠시 접어두더라도, 사람들을 대하는 나의 태도에 관해 심리적 이기주의가 새롭게 열어주는 관점에는 주목해볼 필요가 있다. 아무리 이타적으로 보이는 행동이라 할지라도 궁극적으로는 이기적인 동기에 따른 것일지도 모른다는 가능성은 내가 너무 착해서 문제라고 인식하는 상황을 조금은 다른 시점에서 보게 해준다. 사실 내가 실질적으로 손해를 보는 것보다 더욱 괴로운 것은 내가 손해를 보고 있다고 느끼는 피해의식이다. 내가 너무 착해서 호구 짓을 한다는 자괴감과 그래서 남들에게 이용만 당하는 것 같다는 스트레스를 얹어주기 때문이다.

그러나 만일 심리적 이기주의가 맞는다면 내가 베풀었다고 생각한 모든 이타적인 행동들은 사실 어디까지나 나의 이익을 생각한 약은 행동에 불과할지도 모른다. 좋은 인상을 받았으면 하는 마음에서 얼굴도 모르는 타인에게 정성 들인 댓글을 달아주고, 웃는 얼굴이 예쁘다는 말을 들으면 내 기분이 좋으니까 웃는 낯으로 사람들을 대하고, 부탁을 거절했다가 상대의 기분이 상하면 나중에 얼굴을 마주하기 껄끄러우니까 일단은 상대에게 맞춰준다. 나의 '착한 행동'은 어쩌면 실제로 남을 위하는 마음에서가 아닌, 이렇게 이기적인 계산의 결과가 아니었을까?

내가 착해서 문제라고 생각할 때 착하면 안 된다는 강박에 시달린다. 내가 하는 행동을 두고 사실은 스스로 원치 않는데도 남을 위해 희생하는 것은 아닐까 의심한다. 좀 더 약삭빠르게 행동해야 한다는 부담감과 함께, 사람들을 대할 때 내가 손해를 보고 있는 건 아닌가 하며 괜한 피해의식을 느낀다. 이때 심리적 이기주의의 관점을 빌려와 나의 행동을 바라본다면 그런 강박에서 자유로울 수 있다. 나는 내가 생각하는 것보다 훨씬 손익계산적인 사람인 것이다. 내가 이미 충분히 나 자신을 위해 행동하고 있다는 것을 깨달으니 대인관계에서 불안감이 사라진다. 지금 당장 손해를 보는 것 같은 일을 했더라도 그것이 결국엔 나에게 이득이 되는 것이라고 생각하면 옜다 하고 미련 없이 훌훌 털어버릴 수 있다.

착한 행동을 하면 호구라고 불리는 세상이 되어버렸지만, 착하다는 말 좀 들으면 또 어떤가. 이 세상에 진짜로 남을 생각하는 사람은 어차피 없을지도 모른다. 그러니 "너무 착해서 탈"이라는 이야기를 듣는다고 하더라도 그러한 성품을 바꾸려고 안달복달하지 말고 마음 편하게 친절을 베풀자. 누군가를 이걸 보고 심리적 이기주의에 기대어 호구 짓을 정당화하는 것 아니냐고 말할지도 모르겠다. 하지만 어쩌겠는가. 일단은 상대방이 기뻐하는 모습을 봐야 내 마음도 편해지는 것을. 거봐라, 이건 다 나 좋자고 하는 일이다! 그렇지 않아도 팍팍한 세상인데, 내가 친절한 행동을 베풂으로써 궁극적으로 나 자신이 기뻐질 수 있다면 나는 기꺼이 계속해서 착한 사람으로 남겠다. 그리고 세상을 살아가고 있는 이들 모두가 그러기를 기대해본다. 착한 행동을 지양하는 대신 내가 베푼 선행이 결국에는 나에게 이익이 되어 돌아올 것이라고 생각한다면, 그 동기가 어찌 됐든 결과적으로 이 세상은 보다 친절한 모습이 되지 않을까. 진정으로 선한 세상이라고 말할 수는 없다 할지라도 그로 인해 얻어진 세상은 분명 착하면 손해라는 강박을 버릴 만한 가치가 있는 세상일 것이다.

'기준 미달'인 것 같아
자꾸만 주눅이 들 때

_데리다의 해체주의

●

자크 데리다 Jacques Derrida(1930-2004) 데리다는 '해체주의'를 주창한 철학자로, 20세기 포스트모더니즘의 물결 속에서 철학은 물론이고 예술, 문학, 사회과학 전반에 걸쳐 커다란 영향력을 발휘하며 셀러브리티급 인기를 누렸다. 해체주의란 좁은 의미에서 말하자면 텍스트를 해석하는 한 가지 방식이고, 넓은 의미에서 말하자면 위계질서로 고정된 이분법적인 가치 체계를 뒤바꾸기 위한 시도다. 사물의 겉보기와 본질이라는 대립항을 규정하고, 이 중에서 본질이 겉보기보다 먼저 주어졌으며 따라서 우월한 것으로 보는 전통적인 서양 형이상학이 바로 데리다가 '해체'하고자 한 주된 목표였다.

대학원에 지원하는 과정에는 참 많은 증명서들이 필요하다. 성적증명서, 졸업증명서, 내 경력을 증명해줄 이력서, 학위 과정에 대한 나의 열정과 능력을 증명해줄 자기소개서 등등. 이런 종류의 증명서들을 내야 한다는 건 충분히 예상하고 있었지만, 종종 미처 예상하지 못한 증명서를 요구하는 대학도 있었다. '다양성 선언서 Diversity Statement'라고 하는, 내가 다양성이라는 가치를 충분히 존중하고 있다는 것을 보여주고자 서술하는 한두 페이지 정도의 글이다. 요즘처럼 다양성이 중시되는 사회에서는 하나의 고정된 가치를 강요하지 않는 게 중요해진다. 어떠한 행위나 태도가 소수자를 소외되게 만들진 않는지, 특정 그룹을 차별하는 것은 아닌지 민감하다. 요즘 자주 언급되는 '정치적으로 올바른politically correct' 것인지가 중요해진 것이다.

철학을 한다 하면 기본값으로 설정되는 건 서양, 백인 그리고 남자다. 유명한 철학자들 얼굴을 떠올려보라. 고대 그리스 시절부터 시작해서 현대 철학에 이르기까지 이름깨나 알려졌다 하는 사람들은 죄다 서양 백인 남자다. 그나마 유명한 여성 철학자들은 대부분 페미니즘 계통의 철학자로, 어디까지나 주변부적인 입장에 서 있다. 현대 철학의 논의는 영미권이 주도권을 잡아왔기 때문에 여기에 '영어'라는 조건이 추가될 수도 있겠다. 실제로 영미권 대학에서 철학을 전공하는 학생들의 분포를 봐도 서양 백인 남자가 대다수를 차지한다. 실상이 이렇게 때문에 대학에서는 더 많은 여성, 보다 다양한 인종 및 국적 그리고 다양한 저소득계층 출신 학생들이 철학을 공부할 수 있도록 장려한다. 또한 그동안 '서양 백인 남자들'에 가려져 연구되지 않았던 철학자들을 재조명하고, 기존의 철학적 논의의 주된 흐름에서 배제되었던 세계관을 포함하려는 노력이 이루어지고 있다. 그래서 정치적으로 올바르고자 노력하는 학교에서는 그 공동체의 일원이 되려는 사람들에게 의무적으로 다양성 선언서를 써낼 것을 요구하는 것이다.

취업을 위한 '자소설'을 반복해서 쓰다 보면 어느샌가 스스로 그 내용에 세뇌가 되곤 한다. 나는 진짜 이 일에 불타는 열정을 가지고 있고, 이 회사가 바로 내가 열과 성을 바치고 싶은 곳이라고 믿게 되는 것이다. 이와 비슷하게, 처음에는 기계적으로 썼던 다양성 선언서도 계속해서 쓰다 보니 어느 순간 내가 쓰고 있는 글에 내가 진심으로 공감하게 되었다. "요즘 같은 세상에서 다양성을 존중해야 한다는 건 뻔한 말이지 뭐" 하며 시작했는데, "그래, 우리가 사는 사회뿐만 아니라 철학적 논의에서 다양성을 존중하고 그것에 동등한 가치를 부여하려는 노력은 정말 중요한 거야!" 하고 불타오르는 것이다.

하지만 당장 대학원을 지원하는 과정에서만 해도 나는 내가 일반적인 케이스와 다르기 때문에 의기소침해지는 일이 많았다. 나는 영어가 모국어도 아니고 영미권 국가에 살고 있거나 현지 학교를 나온 것도 아니다. 그렇다 보니 외국 학생으로 분류되어 따로 증명해야 할 내역들이 많다. 영어 실력을 증명하라, 해외 거주를 위한 충분한 돈이 있는지 증명하라, 졸업한 학교가 우리와 동등한 수준인지 증명하라 등등. 내가 일반적인 미국 학생들과 다르기 때문에 "이렇게 다르긴 하지만 그렇다고 빠지는 데는 없어요"라는 것을 증명해야 한다. 나의 차이가 나에게 다양성이라는 가치를 부여하는 게 아니라 어딘가 하자 있는 '기준 미달'로 만드는 것 같아서 주눅이 든다.

더구나 나는 졸업 후 예정되었던 대학원 입학을 한 번 미루는 바람에 학부 졸업 후 공백이 생겼다. 학문의 세계에서 공부에 끊김이 있다는 건― 특히나 인문학의 경우라면― 없으면 없을수록 좋은 케이스다. 일반적인 지원자들과 차이 나는 점이 하나 더 생겼으니 또 열심히 증명해본다. 제가 학교 졸업하고 정규 수업은 듣지 않았지만 그래도 철학을 손에서 놓은 건 아니랍니다. 나름대로 대중 철학을 위한 책도 썼고요. 아마 내가 대학원이 아니라 취업을 위한 회사에 이력서를 넣었더라면 일반 지원자들과의 차이는 더더욱 도드라졌을 것이다. 철학을 전공하면서 복수 전공도 안 해, 그래서 그런지 졸업하고서 취업 경력도 없어, 글 쓰고 책 낸 게 다라는데 이래가지고 회사생활 제대로 할 수 있겠어? 인사담당자의 속마음이 여기까지 들리는 것 같다. 하지만 공익광고에서 맨날 말하지 않는가. 틀린 게 아니라 다른 거라고. 일반적인 것과 다르다고 해서 꼭 모자란 건 아니지 않나요? 제가 알고 보니 회사 생활이 체질일지 누가 압니까.

(

차이를 얘기하는 데 빼놓을 수 없는 사람으로 프랑스 철학자 자크 데리다가 있다. 그는 1990년대에 활동한 거의 우리와 동시대 인물로, 특히 문학이나 예술 분야에서 그의 이름이 자주 거론되곤 한다. '해체주의Deconstructionism'라는 용어와 함께 말이다. 해체주의 예술 작품이 파격적인 주제를 다루고 있는 경우가 많은 탓인지 해체주의란 모든 걸 다 때려 부숴버리겠다는 사조인가 하고 오해하는 사람도 많다. 하지만 해체주의는 아무거나 다 때려 부수지 않는다. 다만 서양 형이상학의 전통적인 사고 체계, 모든 것을 이분법적으로 나누어 생각하며 그중에서도 이성을 최고로 중시하는 사고 체계를 부수고자 한다.

서양 형이상학의 전통이라 하면 가장 먼저 떠오르는 게 플라톤이다. 불완전한 현실 세계의 본질이 되는 완벽하고 영원한 이데아라는 것이 있다는 그의 생각이 서양 형이상학의 뿌리를 이루고 있다고 생각해도 좋다. 플라톤에 따르면 현실 세계에 존재하는 모든 것에 선행하는, 본질적인 형상으로서의 이데아가 있다. 사람의 이데아라는 완벽한 사람의 형상이 있고, 나라는 인간은 그러한 이데아를 본떠 만들어진 모조품이다. 따라서 이 세계에 발붙이고 사는 우리들은 불완전하고 유한하며, 쉽게 변해버린다. 이데아와 정반대다. 이데아는 완벽하고 영원하며, 불변하는 실체이다. 그래서 서로 다른 세계에 존재한다. 감각 경험이 가능한 물질적인 세계와 어디까지나 이성으로만 이해될 수 있는 관념의 세계. 플라톤은 세계를 이렇게 두 곳으로 나누고 이 중에서 관념의 세계가 훨씬 가치 있다고 말한다. 더욱 본질적이고 완벽하며 영원하기 때문이다. 그래서 인간인 우리는 이성으로만 파악이 가능한 이데아라는 진리를 깨닫기 위해서 열심히 이성을 가꾸어나가야 한다.

이러한 생각에 바탕을 두고, 조금씩 그 방법이 달라지곤 했을지라도 서양의 형이상학은 비슷한 맥락에서 이어져 왔다. 이러한 사상 체계는 한눈에 봐도 위계질서가 분명하다. 서로 대립되는 두 항이 분명하게 존재하고, 그중에서 어느 한 쪽이 더욱 우월하다고 못 박는다. 이데아와 그 모방물들. 이성과 감성. 정신과 물질. 여기서 우월하다고 여겨지는 것은 언제나 이성에 가까운 것들이다. 우리의 감각은 언제나 주관적이며 잠깐 동안만 유효하고, 그래서 확신할 수 없다고 여겨진다. 이와 반대로 이성으로 판단된 것들은 객관적이며 언제나 유효하고, 그러니까 확실하다. 그래서 가치의 기준은 항상 이성적인 것에 놓여 있었다. 그리고 이 기준과 다른 것들―감성, 주관, 물질―은 어딘가 부족하고 열등한 것으로 여겨졌다.

데리다는 이러한 사고 체계에 반기를 든다. 데리다가 보기에는 본질적이며 고정되어 있는 진리라는 것은 불가능한 것이었기 때문이다. 데리다는 언어의 의미를 해석하는 방법을 통해 자기 생각을 설명한다. 예를 들어, 방탄소년단의 지민이 춤추는 영상이라면 몇 시간이고 넋을 놓고 볼 수 있는 나는 "지민이는 춤을 참 잘 춰"라고 감탄할 법하다. 그런데 여기서 한 글자만 바꾸면 "태민이는 춤을 참 잘 춰"라는 전혀 다른 의미의 말이 된다. 샤이니의 태민과 방탄소년단의 지민은 그렇지 않아도 이름도 비슷한데 둘 다 춤도 잘 춘다.

내가 '지민'이라는 단어를 '태민'으로 바꾸어 말할 때, '지'라는 글자가 '태'라는 글자로 교체됨으로써 새로운 의미가 생긴다. 다시 말해 글자 모양이 달라짐과 동시에 그 글자가 바뀌는 데 걸리는 시간 차까지 합쳐질 때 비로소 의미가 발생하는 것이다. 언어란 원래부터 고정적인 의미를 가지고 있는 게 아니다. '지민'이라는 단어에서 한 글자를 지우고 다시 덧씌우는 과정을 통해서만—차이가 만들어지는 과정을 통해서만— '태민'이라는 이름이 비로소 의미를 갖는다. 내가 여기서 '수민'이라고 내 이름을 슬쩍 끼워 넣으려고 한다면, 이 경우에도 기존의 '태'를 지우고 새롭게 '수'를 써넣는 시공간적인 차이가 생성됨으로써 의미가 생긴다.

데리다가 보기에 언어가 의미를 갖는 것은 언제나 이처럼 불확정적undecidable인 상태에서였다. '지민'이 '태민'으로 바뀔 때, '태'라는 새로운 언어적 요소가 '지'를 덧쓰는 순간 '지'는 완전하게 사라진 것도 아니고 그렇다고 확실하게 존재하는 것도 아니다. 하지만 이 순간 비로소 '지민'에서 '태민'이라는 의미가 생긴다. '태'라는 요소가 '수'라는 요소로 덧씌워지는, '태'가 흔적으로만 남으려는 그때 비로소 '수민'이라는 의미가 생겨난다. 그래서 언어에는 본질적인 의미가 없다고 데리다는 말한다. 그저 끊임없이 차이가 생성되면서, 차이가 생성되는 만큼 의미가 생성된다.

그렇다 보니 텍스트 하나를 두고 이건 이런 뜻이라며 못을 박을 수가 없다. 텍스트가 만들어낼 수 있는 의미는 무한하다. 교과서에서는 "시인이 이 시를 통해 말하고자 한 바를 고르시오"라며 하나의 시에 담긴 하나의 의미를 상정하고 있지만, 사실 그 의미는 하나가 아니라 여러 개일 수 있다는 게 데리다의 생각이다. 하나의 고정된 진리란 없다. 다만 차이가 발생하면서 의미가 생성되고, 그 의미는 차이의 수만큼 존재한다. 즉 차이가 생성되는 만큼의 복수 개의 진리가 존재하는 것이다.

사고 체계도 마찬가지다. 이성이 감성보다 객관적인 거라고, 정신이 물질에 선행하는 거라고, 무언가를 더 본질적인 거라며 고정된 기준으로 삼을 수 없다. 포스트모더니즘 이론에서 데리다가 사랑받았던 이유가 여기에 있다. 차이의 개수만큼 진리도 여러 개 존재하니, 양극을 대립시켜놓고 어느 한 쪽이 더 우월하다고 말할 수가 없다. 가치의 기준이 될 기본값도 없다. 이는 기존의 위계질서에서 성별이나 인종, 계층을 이유로 기본값과 다르다며 억압받았던 그룹들에게 힘을 실어줬다. 차이가 결함이 아니라고 말해주는 격이었던 것이다.

데리다라면 차이로부터 생성된 의미를 두고 특별히 좋고 나쁘다는 판단을 내리지 않을 것이다. "남들과 달라도 그 자체로 좋아요"가 아니다. 대신 "남들과 다른 것, 그것만이 존재해요"다. 처음부터 고정된 의미도 없고, 차이에 의해 생성된 의미에도 우열이 없다. 그저 차이만이 존재할 뿐이다. 이와 같은 새로운 차이 개념을 통해 우리는 그간의 이분법적 사고에서 벗어나 복수 개의 동등한 진리들을 인식할 수 있다. 데리다가 새롭게 조명한 이 차이의 개념은 그간의 전통적 형이상학과는 전혀 다른 사고 체계에서 이야기되며, 또 전혀 부정적이지 않은 이미지를 지닌다. 그렇다면 새로운 이름을 붙여 이미지 변신을 시켜주자고 데리다는 생각했다. 그래서 차이를 의미하는 프랑스어 Différence로부터 e를 빼고 a를 달아 Différance라는 이름을 붙인다. 한국에서는 흔히 공간적인 차이와 시간적인 지연이라는 의미를 담은 '차연差延'이라는 용어를 사용한다.

차이가 남으로써 비로소 의미가 생긴다는 그의 주장을 받아들여, 이 세상에서 통용되는 '일반'에서 달라지는 순간 나는 무언가 하자가 생긴 게 아니라 비로소 의미를 갖게 되는 거라고 생각한다면 너무 자의식 과잉인 걸까? 차이를 통해서만 의미를 가질 수 있다면, 차이란 어딘가 부족한 것과는 거리가 멀 것이 분명하다. 오히려 무엇인가가 새롭게 생겨난 것이다. 더구나 그렇게 생겨난 것이 '의미'라니. 이거 왠지 삶의 목적을 조금이나마 달성한 듯한 기분도 든다. 사는 것이란 결국 의미를 찾아가는 거라고들 이야기하지 않나. 게다가 데리다에 따르면 이 의미는 다른 의미에 비해 열등하지도 않다. 동등하지만 그저 다를 뿐이다.

이력서에 언제나 포함되는 요소가 하나 있다. 남들이 대체할 수 없는, 나만이 갖는 강점이 무엇인지 서술하라는 것. 일반적으로 빈칸에 써넣는 것은 남들보다 유난히 특출한 나의 능력이다. 영어 회화 실력이 월등하게 좋다거나 업무 분야에서 경력이 남다르다거나, 아니면 불굴의 의지를 가지고 그 어떤 어려움도 극복해낼 수 있는 성격이라든가 하는 것들 말이다. 하지만 데리다의 차이를 생각해보면, 내가 남들과 다르다는 것 자체가 이미 내가 갖는 고유한

강점인지도 모른다. 내가 갖는 차이를 통해 나만의 의미가 생겨났으니 말이다.

내가 남들과 똑같이 학부를 졸업하자마자 대학원에 진학해서 철학 공부를 이어갔다면, 내가 미국에서 태어나서 미국 영어를 쓰며 미국 학교에 다니다가 그렇게 철학과에 갔다면, 나는 지극히 일반적인 케이스에 속했을 테고 그래서 매우 수월하게 커리어를 쌓아 갔을지도 모른다. 하지만 그랬다면 나 말고도 그런 사람들이 그야말로 수두룩 빽빽했을 터. 내가 남들과 비교해 갖는 차이는 별로 없었을 것이다. 다양성 선언서에는 그래서 이런 말을 써 내려갔다. 내가 여자로서, 동양인으로서, 영어권 밖에서 교육을 받고, 잠시 제도권 교육에서 떠나 있음으로써 나는 일반적인 학생들과 차이가 생겼다고. 하지만 그렇기 때문에 비로소 나는 일반적인 관점과는 다른 시야로 세상을 볼 수 있었고, 기존의 철학적 논의에 새로운 요소를 들고 올 능력이 생겼다고. 이건 학교라는 공동체에 있어서도 또 학문적 논의에 있어서도 유의미할 것이라고 말이다. 그리고 이러한 '강점'을 가진 지원자가 부디 귀교의 일원이 되는 것을 긍정적으로 고려해달라는 완곡한 부탁을 더해서.

다른 사람에게 휘둘리지 않는
내가 되고 싶다면

_라이프니츠의 모나드

고트프리트 빌헬름 라이프니츠 Gottfried Wilhelm Leibniz(1646–1716) 17세기 독일에서 태어난 라이프니츠는 철학뿐만 아니라 수학에서도 쟁쟁한 인물이다. 미적분을 개발한 사람이 바로 라이프니츠니까 말이다. 철학은 이 세계에서 독립적으로 존재할 수 있는 실체라는 존재에 관심이 많은데, 라이프니츠는 실체를 '모나드'라는 개념을 통해 설명한다. 라이프니츠에 따르면 모나드는 단일한 실체이기 때문에 외부와 상호작용할 수 있는 부분이 없고, 자기 자체로 이미 부족함 없이 존재할 수 있기에 굳이 외부와 상호작용할 필요도 없다.

요새 아침마다 옷장에서 옷을 고를 때 예전엔 전혀 하지 않던 생각을 한다. 유난히 귀여운 디자인에 반해서 샀던 옷을 들고선 "이 옷을 입어도 될까?" 하고 자문하는 것이다. 이렇게 귀여운 옷을, 이 정도 나이를 먹은 내가 입어도 될지 고민한다. 평소 나이에 관해 별생각 하지 않는 편인데 얼마 전 새해가 되면서 여기저기서 자꾸 '꺾이는' 나이라는 헛소리를 해대는 통에 묘하게 내 나이에 신경이 쓰이기 시작했다. 애초에 나는 만 나이를 신봉하는 데다가—스물아홉이 아니라 만 스물일곱이라고요, 스물일곱!— 그러한 여성혐오적인 단어는 일절 사용하지 말아야 한다고 믿는 나지만, 유독 최근 들어 "이 나이에"라는 생각을 하며 너무 유치해 보이는 옷을 자제하게 된다. 그런데 이게 조금 애매하다. 내가 스스로 판단하기에 내 얼굴에 이젠 조금 어색해진 옷처럼 보여서 입지 말아야겠다 생각하는 것인지, 아니면 남들이 나이에 관해서 하는 말이 내 무의식에 남아 이제 이 정도 나이가 됐으면 이런 옷은 그만 입어야겠다고 생각하는 것인지, 둘 중 어느 쪽인지 좀처럼 판단이 서지 않는다.

경청이 중요하다지만 살아가면서 "내가 남들 말을 안 들으면 어쩌지"라고 걱정하는 일보다는 "내가 다른 사람들 말을 들으면 어쩌지"라고 걱정하게 되는 일이 어째 더 많은 것 같다. 야망을 한가득 품고 내 삶의 계획을 세운다. 여기까지는 나 혼자만 알고 있어도 충분하다. 굳이 남들한테 내가 이런 계획을 세웠다고 떠벌릴 이유도 없다. 하지만 그 계획을 실천하는 데에는 필연적으로 다른 이들이 결부된다. 중요하게는 내 계획의 성패를 좌우하는 입장에 있는 주요 인물들부터, 가볍게는 내가 요즘 어떻게 지내고 있는지 소식을 전할 주변 사람들까지. 그렇게 만나는 사람들이 언제나 내가 이루고 싶어 하는 계획을 지지해주면 참 좋을 것이다. 누군가로부터 응원을 받는다는 것은 나아가는 길에 큰 힘이 되어주니까. 그러나 사람들은 생각보다 훈수 두기를 좋아한다. 나를 생각해서 해주는 조언이라는 이름으로 내가 요청하지도 않은 말을 일방적으로 던져버린다. 요는 대부분 "너는 잘 모르겠지만 그게 쉬운 일이 아니다" 내지는 "나도 해봤는데 실패했으니 너도 잘 안 될 거다"라는 것.

이런 말을 들으면 일단 기분이 나쁘다. 내가 열심히 준비하고 있는 일에 재를 뿌리는 격이니 당연히 기분이 상할 수밖에. 예의 없는 행동이라는 것은 두말할 것도 없고 말이다. 기분이 나빠진 후에 다시 툭툭 털고 하던 일을 마저 하면 다행이지만, 많은 경우 이러한 말을 들은 뒤에는 조금 불안해진다. 어려운 일이라고, 어차피 실패할 일이라고 나에게 던져진 말은 내가 하고자 했던 일에 두려움을 안겨준다. 이미 해봤다는 사람이 어렵다는데, 내가 너무 쉽게 생각하고 뛰어든 걸까? 내가 나를 생각하는 것보다 남들이 나를 보는 눈이 더 객관적인 것은 아닐까? 나도 다른 사람들처럼 똑같이 실패만 하고 끝나면 어쩌지? 부정적인 생각이 차례로 몰려온다.

그래도 다시 한 번 스스로를 다잡는다. 오지라퍼들이 방해 몇 번 한다고 바로 몸을 사릴 순 없다. 어차피 저런 말을 할 사람들이 한두 명은 있으리라 이미 예상하고 있지 않았는가. 남들이 하는 말은 신경 쓰지 말자고, 의식적으로 훌훌 털어버리자고 다짐한다. 그럼에도 불구하고 여전히 신경 쓰이는 부분은 남아 있다. 의식적으로 사람들 훈수에 귀 기울이지 말아야겠다고 생각은 하는데, 혹시 나도 모르는 사이에 내가 다른 사람들이 하는 말대로 나를 한계 짓고 있으면 어떡하나 싶은 것이다. 양쪽으로 비좁게 벽이 막혀 있으면 나도 모르게 몸을 움츠리고 지나가게 되는 것처럼 사람들이 나에게 던진 말이 마음속에 쌓이고 쌓여서 나도 모르는 사이에 내가 그들이 '조언'한 대로 행동하게 되진 않을까. 무의식적으로 나 자신의 한계를 정해두진 않을까.

신기했던 건 나만 이런 고민을 하는 게 아니라는 점이었다. 내 또래 여성 중 상당히 많은 수가 이런 고민을 안고 있었다. 그리고 그건 주로 미래를 생각할 때인 경우가 많다. 그런데 이쯤에서 라이프니츠는 우리에게 조금 안심이 되는 말을 들려준다. 그는 '모나드 Monad'라는 개념으로 인간을 포함해 모든 실제를 설명하는데, 이 모나드란 결코 서로에게 영향을 줄 수도, 또 서로에게서 영향을 받을 수도 없다. 모나드는 오로지 자기 내부에 깃들어 있는 힘을 가지고 변화해나간다.

데카르트 같은 철학자는 세상에 실제로 존재하는 '실체'라는 것을 생각할 때, 물질적인 실체와 정신적인 실체가 나뉘어 존재한다고 생각했다. 그러나 라이프니츠는 물질과 정신으로 나뉘는 실체를 생각하지 않았다. 다만 하나의 실체가 물질적인 질료와 정신적인 형상을 둘 다 가진다고 생각했다. 물질로 이루어진 우주의 모든 만물은 각자가 하나의 실체로서 자기 안에 자신만의 형상을 가지고 있다고 라이프니츠는 설명한다. 그리고 이 실체를 '모나드'라고 명명했다.

인간인 우리 또한 각자가 하나의 모나드다. 우리는 육체를 가지고 있으니 물질적인 질료로 이루어져 있다는 것은 이해가 된다. 그런데 정신적인 형상을 가지고 있다는 게 무엇인지 조금 아리송하다. 이 형상이라는 것은 내가 되고자 하는 모습으로, 나라는 존재에게 일종의 목표와 같은 것이다. 무언가 되고자 하는 목표가 있으면 자연스레 그러한 목표로 나아가기 위해 노력한다. 그래서 라이프니츠는 모나드를, 자신이 가진 형상을 목표로 하여 자기실현의 힘을 가지는 존재로 보았다. 모나드 내부에 있는 형상이 그 모나드의 변화를 추동하는 힘으로 작용하는 것이다. 사람마다 각자가 희망하는 게 다르듯, 모나드가 가지는 형상도 각각의 모나드마다 전부 다르다. 이건 모나드 안에 앞으로 현실에서 모나드가 펼쳐나가게 될 일종의 가능성으로서 차곡차곡 접혀 있다. 그래서 각각의 모나드가 갖는 이 고유한 형상을 다양manifoldness이라고 부른다.

모나드라는 용어는 사실 라이프니츠에 의해 처음 사용된 것이 아니다. 일반적으로 수학이나 과학에서 '가장 작은 입자' 또는 '가장 작은 단위'를 의미하는 말로 사용되곤 했다. 라이프니츠는 이 용어를 빌려와 이 세상을 이루고 있는 가장 작은 단위의 실체들을 가리키기 위해 사용했던 것이다. 라이프니츠 말대로 하나의 모나드가 더 이상 쪼갤 수 없는 가장 기본적인 단위의 실체라면, 모나드가 아무리 물질적인 질료로 이루어져 있다 한들 '모양'이나 '형태'는 가질 수가 없다. 생각해보라. 아주아주 작은 입자 하나가 있다면 그건 그냥 점일 뿐이지 복잡한 모양을 띠고 있을 수는 없다. 그래서 라이프니츠는 "모나드는 부분을 갖지 않는다"라고 표현하기도 한다. 남는 부분이 없다는 뜻이다.

우리가 모래알을 보면서 다 똑같이 생긴 작은 알갱이라고 생각하듯이, 부분이 없는 가장 작은 단위의 실체인 모나드 또한 겉보기로는 구별을 할 수가 없다. 그도 그럴 것이, 신의 입장에서 보면 다 거기서 거기처럼 생겼으리라. 우리도 날파리를 보면서 그냥 다 똑같이 생긴 날파리가 여럿 있다고 생각하지, 각각의 날파리의 외모를 구분해내는 사람이 어디 있겠는가. 이처럼 겉보기로는 일률적으로 보이는 모나드일지라도, 앞서 언급되었듯 모나드 내부에 있는 형상(다양)만큼은 각자에게 고유하게 주어져 있다. 따라서 하나의 모나드를 다른 것과 구별해주는 기준은 바로 이 다양이 된다.

모나드에 부분이 없다는 사실은 모나드 간에 상호작용이 불가능하다는 것 또한 의미한다. 내가 옆에 있는 사람을 쿡 찌르기 위해서는 손가락 하나를 세워서 그 사람의 옆구리를 찔러야 한다. 한 모나드가 다른 모나드에게 직접 영향을 줄 때에도 이와 비슷하다. 찌르는 모나드는 찌르는 데에 사용할 부분이 있어야 하고, 찔리는 모나드도 어딘가 찔릴 수 있는 부분이 있어야 하는 것이다. 하지만 둘 다 없는 상황이다. 그래서 모나드는 누굴 찌를 수도 없고, 누군가에게 찔릴 수도 없다. 이로부터 모나드는 다른 모나드와 상호작용을 하지 않는다는 결론이 도출된다. 세상의 만물은 서로 영향을 전혀 주고받지 않는 것이다. 우리가 이렇게 한 세계 안에서 어울려 살 수 있는 건, 라이프니츠에 따르면 우리가 상호작용을 해서가 아니다. 다만 그는 우리를 창조한 신이 그렇게 조화를 지어놓은 것뿐이라고 설명한다.

가만히 있는 공은 외부에서 툭 쳐줘야 움직이는데, 그렇다면 외부에서 영향을 받을 수 없는 모나드는 아무런 변화도 하지 않고 가만히 있기만 하는 것일까? 천만의 말씀. 각각의 모나드는 끊임없이 변화한다. 이미 모나드 내부에 변화의 구체적인 내용은 물론, 그 변화를 추동할 원리 또한 깃들어 있기 때문이다. 한 모나드가 변화해 갈 내용은 그 모나드가 가능성으로서 가지고 있는 다양이라는 것을 살펴봤다. 이때 모나드는 이러한 형상을 현실에 실제로 펼쳐내고자 하는 욕구를 갖는다. 그리고 이 욕구는 모나드가 변화할 구체적인 내용을 현실에 펼쳐낼 수 있게 하는 동력이 되어준다. 모나드는 이제 자신 안에 겹겹이 들어 있는 다양을 한 겹 한 겹 펼쳐나가며 끊임없이 변화한다. 이런 걸 생각하면 내가 타인의 영향에 휘둘리는 것은 아닐까 하고 걱정하는 것은 기우인지도 모른다. 나는 내 안에 가지고 있는 변화의 내용과 그것을 이룰 힘을 따라서만 변해가기 때문이다.

이렇게 내 안의 다양을 현실에 펼쳐가는 과정은 어떻게 보면 '나의 세상'을 실현해내는 과정이다. 그래서일까, 라이프니츠는 우주가 모나드의 수만큼 복제된다고 말한다. 내가 내 안의 다양을 펼쳐내며 만들어지는 우주가 하나 있고, 다른 이는 또 그의 다양을 실현하며 그 나름대로 우주를 만들어낸다. 그래서 각자 지각하는 세상이 다르다고 라이프니츠는 말한다. 내가 경험한 세상은 어디까지나 나의 세상이고, 다른 이가 경험한 세상은 어디까지나 그 사람의 세상일 뿐이다. 다른 이가 자신의 경험을 토대로 하여 나에게 억지로 던진 조언은 알고 보면 그 사람에게만 유효한 것일 뿐, 나에게는 적용되지 않는지도 모른다.

라이프니츠가 말하는 세계를 듣고 있노라면 그다지 조바심을 낼 필요는 없을 것 같다. 나는 걱정하지 말고 내 갈 길을 가면 된다. 내가 가려던 방향으로, 내가 가려던 기분으로. 남들이 하는 말에 흔들리면 어떡하나 하는 걱정은 하지 않아도 괜찮다. 어차피 남들의 영향을 받지 않는, 아니 받으려야 받을 수도 없는 모나드인 것을. 내게 일어나는 변화는 오롯이 나의 내부에 주어져 있는 내용과 힘으로부터 기인한다. 내가 생각했던 것보다 나는 좀처럼 남에게 휘둘리지 않는 존재였던 것이다.

남들이 두는 훈수를 마이동풍으로 흘려보내기도 쉬워졌다. 안 된다고, 실패할 거라고 말하는 사람이 있으면 그냥 저 사람이 사는 세상에서는 그런가 보다 하고 넘기면 된다. 그들이 경험한 세상은 나의 세상과 다르다. 그들이 품고 있는 다양은 내가 가진 다양과 다르다. 그러니 각자가 이제껏 펼쳐왔던 또 앞으로 펼쳐낼 세상의 모습은 다를 수밖에 없다. 그 사람에게는 결코 가능하지 않은 일이라 할지라도 내게는 충분히 달성할 수 있는 일인지도 모른다.

덕분에 요새 옷장 앞에서 나 자신에게 묻던 질문을 두고 한결 마음 편하게 고민할 수 있게 되었다. 길거리를 지나가다가 치명적인 귀여움에 홀려 두 장이나 사버리고 만 포켓몬 맨투맨을 들고 "이걸 입고 나가도 되나"하는 1차적인 고민은 여전히 현재 진행 중이지만, 적어도 그 고민이 내 마음에서 연유한 것인지 아니면 다른 사람의 의견에서 연유한 것인지는 풀렸으니 말이다. 아마 내 마음속 다양에는 만 27세에 나옹이와 삐삐가 그려진 맨투맨을 입고 외출하는 모습이 담겨 있지 않은 모양이다. 아쉽지만 옷장 속 포켓몬스터는 오늘도 집에서만 그 귀여움을 뽐내고 있다.

'만약'의 늪에서
헤어 나올 수가 없어요

_니체의 영원회귀

●

프리드리히 니체 Friedrich Nietzsche(1844-1900) 19세기 독일에서 살았던 니체는 앞뒤 가리지 않는 신랄한 비판으로 유명한 철학자다. 그리고 그 주된 희생양은 기독교와 기존의 도덕 체계가 되곤 했다. 인간을 병들게 하는 가치들을 오히려 숭상해야 할 것으로 만들어놓았다는 게 그 이유였다. 기존의 종교와 도덕을 전부 거부한 니체는 이렇게 모든 가치가 사라진 허무한 상황일지라도 거기에서 다시금 삶의 의지를 발휘하는, 새로운 가치를 주체적으로 창조해내는 '위버멘쉬übermensch'가 되어야 함을 주장한다. 자기실현 의지를 지닌 운명의 주인으로서 아무리 많은 허무와 고통이 도사리고 있다고 해도 그것마저 긍정해낼 수 있는 '극복인'이 되어야 한다고 말이다.

"이번이 진짜 마지막이다." 내가 출간을 하는 계기가 되어준 카카오 브런치에 한창 철학에 관한 글을 올릴 무렵이었다. 변증법에 관한 글을 쓰고는 딱 이 심정으로 업로드했다. 그 글을 발행하고도 별다른 성과가 없으면 그렇게 내 브런치를 묻어둘 생각이었다. 지쳤기 때문이다. 글을 쓴다는 건 나에게 언제나 매력적인 일이었고 또 지금도 변함없이 매력적이지만, 글쓰기가 나에게서 빼앗아가는 에너지는 어째 해가 갈수록 점점 더 커진다. 막상 완성하고 보면 얼마 되지 않는 분량인데도 그 글을 쓰느라 하루 온종일이 투자될 때도 있다. 글 쓰는 동안에는 의자에서 옴짝달싹하지 않는데도 탈고 후에는 몇 시간 뛰어다닌 것보다 더 녹초가 되기 일쑤다. 그래도 열심히 썼다. 쓰고 싶은 글이 있었고, 그런 나의 글을 좋아해주는 사람들은 내 글쓰기의 원동력이 되어주었다.

하지만 6시간을 들여 쓴 글에 조회 수가 6이 나온다면, 그건 참 좌절할 만하다. 나는 본래 인정욕이 강한 사람이다. 내가 들인 공이 있으면 그만큼 인정을 받고 싶어 한다. 글의 가치가 단순히 얼마나 많은 사람들이 읽고 얼마나 많은 반응을 보이느냐에 따라 결정되는 것은 아니지만, 공개적인 장소에 글을 투고하는 이상 그러한 요소들을 신경 쓰지 않으려야 않을 수가 없다. "사람들은 생각보다 철학에 관심이 없지"라며 스스로를 위로하는 것에도 한계가 있다. 그래서 그만 쓰려고 했다. 그 이유가 나의 부족함이건, 외부적인 요인이건, 성과 없는 노력을 계속하는 건 힘든 일이다.

딱 그즈음 브런치에서는 '브런치북'이라는 이름의 공모전이 시작되었다. 한 가지 테마로 묶을 수 있는 열다섯 개의 글을 써서 지원을 하는 것이었다. 대상을 수상하면 출간 기회가 주어지고, 차등적으로 여타 기고 기회나 상금이 수여되는 식이었다. 마침 공교롭게도 내가 철학에 관해 쓴 글이 열다섯 개가 넘어가는 시점이었다. 나는 마지막이 될지도 모를 글을 업로드하며 밑져야 본전이라는 마음으로 그간 써두었던 글을 모아 이 공모전에도 응모했다. 그리고 한동안 글을 쓰지 않았다.

크리스마스가 가까워진 어느 날, 평소처럼 메일함을 확인하는데 브런치 팀에서 메일이 한 통 도착해 있었다. 브런치북 수상 후보에 올랐다는 소식이었다. 나중에 안 사실이지만, 이렇게 후보에 올랐다는 메일은 거의 수상 확정이나 다름없다고 하더라. 난 그야말로 후보에 올랐을 뿐이라고 생각했기에, 어마어마한 수의 참여작만큼 후보도 많으려니 생각하며 그저 기분 좋은 소식이라고만 여겼다. 며칠 후엔 더욱 기분 좋은 소식이 도착했다. 내 글이 공모전에서 은상을 받았다는 것이었다.

기뻤다. 아니, 참 다행이라고 생각했다. 누군가가 내 글을 좋은 글이라고 생각했다는 것 그리고 더 많은 사람이 내 글을 읽기 시작했다는 것은 꾸준히 글을 써온 걸 참 잘한 일이라고 느끼게 해주었다. 물론 상금이 입금된다는 것도⋯. 마치 이제까지 글을 써온 나의 노력에 대한 보상임과 동시에, 그 노력을 계속해도 된다고 안심시켜주는 듯했다. 내가 졸업 후에도 꾸준히 철학을 이야기하겠다며 보내온 지난날들을 "괜히 했다"라는 후회가 아닌 "역시 하길 잘했다"라는 마음으로 사랑할 수 있도록 만들어주어서, 그래서 참 다행이었다.

브런치에 한창 글을 올릴 무렵은 내가 대학교를 졸업하고 얼마 지나지 않았을 때인데, 나는 이때 개인적으로 우울한 시기를 보내고 있었다. 졸업하고 바로 대학원에 가고 싶어서, 그것도 영국 대학원에 가고 싶어서 졸업하기 1년도 전부터 이미 유학을 준비하고 입학 허가까지 다 받아놨더랬다. 그러나 졸업을 한 나는 영국에 가지 않았다. 이유야 복잡했다. 지원할 수 있는 몇 안 되는 장학금은 전부 떨어졌는데, 그렇다고 학위 과정 내내 등록금에 생활비까지 합해 1년에 1억 가까운 돈을 매년 자비로 부담하기에는 금전적인 부담이 컸다. 물론 내가 학비가 얼마든 아무 생각하지 않아도 좋은 재력가 였다면 곧바로 런던행 비행기에 몸을 실었겠지만, 안타깝게도 그렇지 못했다. 결국 이것저것 재고 따지다 입학을 미루게 되었다.

그 후에는 참 많은 '만약'을 생각했던 것 같다. 졸업 후 계획과는 달리 대학원 진학을 하지 않게 된 것은 당시 내 생활 전반 그리고 미래 계획에 걸쳐 커다란 변화를 가져왔다. 그리고 그 변화는 내게 썩 만족스럽지 않은 변화였다. 그래서였을까. 평소의 나라면 결코 하지 않았을 후회들이 자꾸만 머릿속에 떠오르곤 했다. "오히려 이 렇게 하는 편이 낫진 않았을까", "왜 그때 이렇게 하지 않았을까", "지금 이대로 계속 가면 나중에 어떻게 되는 걸까"….

졸업 직후 얼마간은 '만약 바로 대학원에 진학했더라면'을 생각 했지만, 이 또한 어느 정도 시간이 지나 학문의 세계가 점점 먼 나 라 이야기처럼 느껴질 때쯤엔 불만족스러운 현재를 생각하며 애초 에 공부를 하기로 선택했던 것을 후회하기 시작했다. 나중에는 가족을 향한 원망의 마음도 들었는데, 나의 미취학 아동 시절까지 거슬러 올라가 "왜 우리 엄마는 내가 어렸을 때 내가 좋아하던 발레를 시키지 않은 걸까" 하고 생각하는 것이다.

그런 와중에 상을, 그것도 철학에 관해 쓴 글로 받아서 더 감흥이 컸는지도 모르겠다. 학부를 졸업하고 공부로부터 잠시 멀어진 나에게 철학과의 유일한 연결고리로 남아 있던 건 내가 쓰던 글들이었다. 그로부터 맞이한 자그마한 해피엔딩은 내게 단순한 글쓰기를 넘어서, 내가 좋아했고 그래서 열심히 해왔으며 또 계속하고자 했던 철학 그 자체에 다시금 사랑과 확신을 가질 수 있게 해주는 계기가 되었다. 수많은 '만약'들을 생각하며 현재까지 내가 남겨 온 흔적들에 회의감을 느끼고 있던 내게, 적어도 그 흔적의 일부만큼은 시간을 되돌린다고 해도 다시금, 기꺼이 지금의 모양대로 남기겠노라고 자신할 수 있게 해준 것이다.

원래 잘해오던 방면에서 평소처럼 좋은 결과를 내면 별다른 생각이 안 드는데, 유난히 고생을 해서 좋은 결과를 내면 아무리 무심한 사람이라도 벅찬 기쁨을 느끼기 마련이다. 그 좋은 결과가 나오는 이제 인연이 없을 거라 생각했던 곳에서 나온 것이라면 더욱 그렇다. 그동안 고생했던 게 이런 결과를 내려고 그랬던 건가 하는 생각이 들고, "어쩌면 원래 이렇게 되도록 처음부터 예정되어 있었던 것은 아닐까" 하는 운명론에 조금은 솔깃하게 된다. 지금 내게 주어진 좋은 결과가 어쩌면 내가 이때까지 겪어온 모든 것들을 겪지 않았더라면 애초에 불가능했을 결과가 아닐까 하는 생각이 드는 것이다. 과정은 조금 괴로웠지만 어쨌거나 결과는 기분이 좋다. 해피엔딩을 맞이한 이 순간, 어쩌면 내게 시간을 되돌아갈 기회가 다시 한 번 주어진다 하더라도 나는 내가 지금까지 살아온 나날들을―그 안에서 내가 한 선택을 바꾸지 않고― 내가 살아온 그대로 다시 살겠다고 마음먹을 수 있을지도 모른다.

· (·

니체는 예나 지금이나 어렵고 내가 좋아하는 철학자는 아니지만, 그런 나조차도 계속해서 꺼내 보며 읽을 때마다 다시 한 번 삶을 되돌아보게 만드는 글이 있다. 니체의 저작 중 『즐거운 학문』 속에 등장하는 '최대의 중량(무게)'이라는 제목의 글이다.

최대의 중량 ― 어느 날 낮 혹은 어느 날 밤에 악령이 너의 가장 깊은 고독 속으로 살며시 찾아들어 이렇게 말한다면 그대는 어떻게 하겠는가.: "네가 지금 살고 있고, 살아왔던 이 삶을 너는 다시 한 번 살아야만 하고, 또 무수히 반복해서 살아야만 할 것이다. 거기에 새로운 것이란 없으며, 모든 고통, 모든 쾌락, 모든 사상과 탄식, 네 삶에서 이루 말할 수 없이 크고 작은 모든 것들이 네게 다시 찾아올 것이다. 모든 것이 같은 차례와 순서로 — 나무들 사이의 이 거미와 달빛 그리고 이 순간과 바로 나 자신도. (중략)" 그대는 땅에 몸을 내던지며, 그렇게 말하는 악령에게 이렇게 대답하는 엄청난 순간을 경험한 적이 있는가?: "너는 신이로다. 나는 이보다 더 신성한 이야기를 들어보지 못했노라!" 그러한 생각이 그대를 지배하게 되면, 그것은 지금의 그대를 변화시킬 것이며, 아마도 분쇄시킬 것이다. "너는 이 삶을 다시 한 번 그리고 무수히 반복해서 다시 살기를 원하는가?"라는 질문은 모든 경우에 최대의 중량으로 그대의 행위 위에 얹힐 것이다. 이 최종적이고 영원한 확인과 봉인 외에는 더 이상 아무것도 요구하지 않기 위해서는, 어떻게 그대 자신과 그대의 삶을 만들어나가야만 하는가?*

내 삶의 모든 순간들이 한번 지나가면 사라지는 것이 아닌, 몇 번이고 똑같이 되풀이되며 영원히 반복되는 것이라면. 그리고 그러한 영원한 반복(영원회귀)을 두 팔 벌려 환영할 수 있으려면. 나는

---

* 프리드리히 니체 지음, 안성찬 옮김, 「즐거운 학문 메시나에서의 전원시 유고(니체전집 12)」(2005), 책세상.

어떤 마음가짐으로 살아가야 할까? 과연 '최대의 중량'을 가진 문제임이 아닐 수 없다.

영원히 반복되는 삶을 긍정할 수 있으려면 몇 가지 선택지가 있을 것이다. 삶의 매 순간순간을 행복한 장면으로 채우거나 때때로 고난과 역경이 등장하더라도 마지막에 해피엔딩을 약속받아두거나 아니면 해피엔딩 없이 고난과 역경만 있더라도 아예 그러한 고난과 역경을 기꺼이 받아들이겠노라고 긍정해버리거나.

첫 번째의 경우라면 더 바랄 것도 없겠지만 아쉽게도 살아가는 일이 항상 그렇지만은 않다. 두 번째의 경우라면 중간중간 힘들 때가 있더라도 나를 기다리고 있는 해피엔딩을 생각하며 참고 견딜 만하다. 세 번째 선택지를 선택할 수 있는 사람은 니체가 친히 '위버멘쉬'라고 칭송해줄 수도 있다. 하지만 나는 사양하고 싶은 마음이다. 아무리 긍정의 힘을 신뢰하는 나라고 해도, 고난과 역경만이 있는 삶을 흔쾌히 받아들일 만한 용기는 없다. 그러나 멈추어 생각해보면 마지막에 해피엔딩이 보장되어 있는지 아닌지 구별할 수 있었던 적은 그리 많지 않다. 어찌 보면 삶의 겉모습은 오히려 세 번째 선택지에 가까울지도 모른다.

그렇다면 나는 지금 당장 눈에 보이진 않더라도 마지막에는 행복한 결말이 나를 기다리고 있을 것이라고 믿는 편을 택하겠다. 물론 매 순간이 행복한 일로 가득 채워질 때도 있다. 하지만 설령 그렇지 못하더라도 마지막에는 "그래서 행복하게 살았습니다"로 끝날 것임을 믿는 것이다. 계획대로 진행되지 않은 나의 진로로 이런저런 고민을 많이 한 것도 사실이지만 돌이켜보면 축하할 일들이 더 많았고, 내가 택한 바로 그 방향에서만 가능했던 성취들도 많았다. 과정 속에 있을 땐 결코 알 수 없었지만 결국 '해피엔딩'이다.

앞으로 남은 삶의 종착지에서 다시 한 번 해피엔딩을 볼 수 있을지, 어차피 지금의 내가 알 수 없다면 또 한 번 긍정의 힘을 믿어보는 게 좋지 않을까. 그러니 지금 이 순간이 힘들고 괴롭더라도 그리고 그러한 순간이 영원히 반복된다고 해도 두려워할 이유는 없다. 분명 내가 그려온 궤도로만 완성되는 멋진 그림이 있을 것이다. 그렇기에 지금까지의 선택을 다시 한 번 할 수 있다고, 몇 번이고 같은 삶을 살 수 있다고 대답한다. 후회와 한탄 대신 내가 지나고 있는 이 삶의 순간을 긍정하고 받아들이는 것, 그래서 내게 주어진 운명을 사랑하는—그 유명한 아모르파티Amor Fati — 것이 곧 해피엔딩으로 가는 길이 될 테니까.

Chapter 3.

"관계 맺기는
왜 이리 어려울까요?"

관계를 술술
풀어가게 도와주는
철학 기술

타인이라는 존재가
불편하게 느껴질 때

_헤겔의 타자

●

게오르크 빌헬름 프리드리히 헤겔 George Wilhelm Friedrich Hegel (1770-1831) 헤
겔은 독일 관념주의를 대표하는 인물이다. 그는 인간만 정신을 가지는 것이 아
니라 이 세계 자체도 정신을 가진다고 말한다. 그리고 이때까지 세계가 지나온
역사는 세계의 정신이 발전해온 과정이라고 했다. 헤겔의 『정신현상학』은 바로
이 정신의 발전 과정을 서술한 책이다. 정신은 나와 다른 대상, 다시 말해 타자
를 마주하고 상대방을 오롯이 파악하려 하지만 실패한다. 그래서 더 발전된 단
계로 도약하고자 한다. 이 도약에 필수불가결한 과정이 타자를 지양aufheben하
는 과정이다.

"나는 나는 저팔계 왜 나를 싫어하나. 나는 나는 저팔계 도대체 모르겠네." 혹시 이 노래를 아시는지. 어렸을 때 재미있게 보던 〈날아라 슈퍼보드〉의 주인공 중 한 명—혹시 한 마리?—인 저팔계가 부르는 노래다. 이 노래를 들으면 어릴 적 추억이 떠올라 기분이 좋아지는 이도 있을지 모르겠다. 한데 나에게는 이 노래가 썩 유쾌하지 못하다. 이 노래와 얽힌 슬픈 사연이, 맨 처음 엄마 품을 떠나 다니게 된 유치원에서 겪은 일화가 있기 때문이다.

일곱 살이 되어 동생이 생기기 전까지 나는 실컷 외동딸 라이프를 즐겼다. 저녁에 아빠가 퇴근하기 전까지 집에서 나와 놀아주는 이는 엄마뿐. 아파트 단지와 함께 새로 지어진 마을이었기 때문에 주변에는 또래 아이도 별로 없었다. 엄마가 할 일을 하고 있을 때면 나는 방 안에 수북이 쌓여 있는 장난감을 벗 삼아 유유자적 혼자 시간을 보냈다. 모든 게 다 평화로웠다. 물론 모든 걸 혼자 독차지할 수 있으니 물질적으로 부족함이 없어 평화로웠기도 하지만, 무엇보다 마음이 평화로웠다. 그 시절의 크고 작은 심란함은 대부분 친구 사이의 트러블에서 연유하기 마련이다. 나 말고 다른 이가 없다는 사실은 곧 아무런 문제가 없다는 것을 의미했다.

그러다가 어느 날 유치원에 가게 되었다. 집 근처에 있는, 더 정확히 말하면 선교원이었는데 우리 집은 무교였음에도 불구하고 시설의 지리적 조건과 주변 평판이 나쁘지 않았기 때문에 나를 그곳에 보내기로 한 것이었다. 기린반이었던가. 아마 네다섯 살 아이들이 소속되는 코알라반보다는 한 단계 위의, 예닐곱 살 정도 되는 아이들을 보살피는 반에 들어갔던 것 같다. 뭐, 유치원 데뷔 첫날 치고는 그럭저럭 수월하게 흘러가는 하루였다. 점심시간에 탁자가 아니라 의자 위에 식판을 두고 바닥에 앉아서 먹으라고 한다거나, 요구르트를 주기에 빨대가 어디 있냐고 물었더니 그냥 이로 뚫어 먹으라는 답변을 들어야 했던, 어린 내가 받았던 컬처쇼크 몇 가지를 제외하면 말이다.

하지만 이런 차이는 양보할 수 있었다. 지금도 그리고 물론 그당시에도 영 기분은 좋지 않았지만, 이 동네의 법은 이런가 보군 하면서 그들의 생활방식에 따르면 될 일이었다. 어쩌면 이런 방식에 순응하는 것이 뉴페이스인 나를 그들의 무리 안에 속하게 해줄 요인이 될지도 모르고 말이다. 그런데 어쩌나. 나는 이 이후에 벌어진, 예의 저팔계와 관련된 그 노래 때문에 이 유치원에 정나미가 뚝 떨어져버렸다.

점심 식사를 다 한 후 쉬는 시간이었던 걸로 기억한다. 아이들이 선생님에게 조르기 시작했다. "선생님 그 노래 틀어주세요!" 매일 치르고 지나가는 의례인 양, 선생님은 아이들의 요청에 맞추어 노래 한 곡을 틀었다. 내게도 익숙한 목소리가 부르는, 그리고 그 처참한 가사 때문에 나는 너무나 싫어하는 바로 그 노래. "나는 나는 저팔계 왜 나를 싫어하나. 나는 나는 저팔계 도대체 모르겠네. 나의 심술 때문에 나를 그렇게 싫어하나. 나도 알고 보면은 너무나 착한 사람이야."

쓸데없이 남의 감정에 공감하는 능력이 뛰어났던 것일지도 모르겠지만, 내게 이 노래는 세상에서 제일 슬픈 노래라고 해도 과언이 아니었다. 〈날아라 슈퍼보드〉의 애청자였던 어린이로서 기억하건대, 저팔계는 결코 회생 불가능한 빌런이 아니다. 지난날 과오가 있었다 할지라도(과거에 저팔계는 동네 사람들에게 석유를 바가지를 씌워 팔곤 했다) 지금은 그것을 뉘우치기 위해 손오공 일행과 수련을 위한 여행을 하고 있다. 욕심이 좀 많은 게 흠일지도 모르지만 본래 성격이 악한 것은 아니다. 어찌 됐건 저팔계는 무조건 미워하고 적대시할 만한 캐릭터가 아니다. 그런 와중에 울려 퍼지는 안쓰러운 노랫말. "왜 나를 싫어하나." 심지어 2절이 끝나가는 부근에서는 알고 보면 자기도 착한 사람이라는 가사에 감정을 실어 불러 마치 절규하듯 들리기도 한다. 어린 시절 나는 그래서 이 노래를 들을 때마다 혼자서 마음속으로 외치곤 했다. "나는 너를 안 싫어해!"

아무리 생각해도 저팔계의 안쓰러움에 눈물 한 방울쯤 흘려야만 할 것 같은 이 노래를 들으며, 유치원 아이들은 세상에서 가장 웃긴 농담을 들은 것처럼 즐거워하고 있었다. 저팔계의 목소리를 들으니 우스꽝스럽게 생긴 그의 모습이 떠올라서 웃는 걸까? 아니면 나는 모르는, 이 노래에 얽힌 그들만의 에피소드라도 있는 것일까? 이유야 뭐가 됐건 나는 이렇게 슬픈 저팔계의 혼잣말을 들으며 아무렇지도 않게 깔깔거릴 수 있는 아이들을 보며 생각하지 않을 수 없었다. "나는 이 노래가 전혀 웃기지 않아." "나는 이 노래를 들으면 너희처럼 즐겁지 않아." "나는 너희와 달라."

아마 유치원에 가지 않고 언제나 나 혼자서 놀았더라면 나는 아마 이 노래를 받아들이는 내 태도를 생각해볼 일도 없었을 것이다. 그냥 저팔계가 안쓰럽다고 느끼고 끝이었을 것이 분명하다. 하지만 이 일을 계기로 나는 내 성격, 정확히 말해 다른 이들과는 다른 나만의 고유한 성격에 관해 생각해보게 되었다. 그 당시에는 물론 공감 능력이니 하는 단어는 쓰지 않았으나, 적어도 사람들 중에는 저팔계의 불쌍함을 함께 슬퍼해주는 사람과 그렇지 않은 사람이 있구나 하는 생각을 했고, 나는 그중에서 전자인가 보다 하는 생각 정도는 할 수 있었다. 지금에 와서 돌이켜 생각해보면 나름 기념비적인 순간이었다. 헤겔이 말하는 타자를 지양하는 것 그리고 그를 통한 나 자신에 대한 확신을 직접 경험한 날이기 때문이다.

⟨

내가 집에서 혼자 놀 때, 나는 나 자신이 어떤 아이인지 특별히 생각해보지 않았다. 애초에 그럴 계기도 없었고, 그럴 필요도 없었다. 그냥 재미있게 그날 하루를 보내면 그만이었다. 헤겔은 이처럼 타자와 관계없이 혼자서만 존재하는 상태를 두고 즉자적 존재라고 말한다.

이후 나는 유치원에 가서 다른 아이들과 관계함으로써 비로소 남들과는 다른 나라는 한 사람을 의식하게 되었다. "다들 이 노래를 들으면 슬퍼지는 게 아니었어?" "나는 저 아이들과는 다르게 저팔계가 부르는 노래를 들으면 너무 속이 상해." 다른 아이들과 교류하지 않았더라면 이게 나에 관해 특기할 만한 점이라는 것을 모르고 지나갔을 것이 분명하다. 하지만 다른 아이들을 접한 덕분에 알게 되었다. 나는 불쌍한 걸 보면 유난히 안쓰러워하는 사람이라는 것을. 나는 어떤 사람인가 하는 질문을 받았을 때 대답할 수 있는 말이 한 줄 늘어난 것이다. 헤겔의 말에 따르면 이처럼 다른 존재와의 관계를 통해 나 자신을 이해하는 상태를 대자적 존재라고 한다.

"나는 개네들과 달라" 즉 "난 개네들이 아니야"라고 말함으로써 나는 결국 나 자신이 어떤 사람인지를 확인받는다. 나는 상대방이 아니라고 상대방을 부정함으로써 그를 통해 나 자신을 보다 명확하게 규정하는 것이다. 이때 부정한다는 표현 대신 지양한다는 표현을 사용하기도 한다. 헤겔이 사용한 독일어 아우프헤벤aufheben의 번역어로 선택된 단어다. 단순히 무언가를 부정만 하는 것에 한정된 의미가 아니라, 보다 발전된 단계로 나아가는 와중에 그 과정으로서 무언가를 부정한다는 뉘앙스가 포함되어 있다.

생각해보면 이렇게 상대방과 다름을 통해서 나를 설명하는 방법은 나라는 사람을 파악하는 방법으로 굉장히 효과적이다. 무엇이든 기준이 없을 때는 막막하다. 하지만 거기에 맞서서 나는 그렇지 않다고 할 만한 기준이 주어지면 나는 나라는 사람을 매우 구체적으로 규정할 수 있다. 한 예로, 많은 사람들이 영화관에 가서 영화

보는 것을 좋아하지만 나는 그렇지 않다. 나는 영화관에서 영화를 보면 주변 환경 때문에 집중이 되지 않아 영화관에 가서 보는 것보다 DVD로 감상하는 것을 좋아한다. 또 콘서트장에서 라이브 음악을 듣는 것이 진짜 음악을 제대로 즐길 수 있는 방법이라고 믿는 사람들도 있지만 나는 그렇지 않다. 영화관과 비슷한 이유로 나는 차라리 콘서트 실황 앨범을 듣는 편이 보다 온전히 음악을 즐길 수 있는 방법이라고 믿는다.

이처럼 타자를 지양함으로써 나는 스스로를 보다 명확하게 정립할 수 있다. 결과적으로 나 자신을 더 잘 알고, 그만큼 확신할 수 있다. 무슨 일이든 확신 없이 뛰어들어서 좋은 결과를 얻기는 어렵다. 확신 없이 그냥 해보는 건 그야말로 복불복의 결과를 예상하며 시도해보는 것에 불과하다. 지피지기면 백전백승이라는 말도 있지 않은가. 살아가는 데 나 자신에게 확신을 갖는다는 것은 굉장히 중요하다. 그런데 이미 살펴봤다시피 자기 확신을 얻는 것은 나 혼자서 가능한 일이 아니다. 내가 지양할 수 있는 타자의 존재가 필수불가결하다. 나에게 대립하고 있는 항이면서도 내가 부정할 수 있는 존재. 그를 통해서 나는 나 자신을 세운다.

하지만 이러한 관계에서 윈윈win-win이라는 것은 있을 수 없다. 내 자립을 위해서는 타자를 인정해줘선 안 된다. 부정해야 한다. 함께 다 같이 간다는 것은 선택지에 없다. 그래서 타자와 나 사이의 관계는 언제나 투쟁이 된다. 주도권을 놓고 벌이는 싸움이다. 이때 완급 조절이 매우 중요해진다. 이건 나와 타자 사이에서 승패를 놓고 벌이는 싸움이기는 하지만, 상대방을 정복하기만 해야지 아예 없애버리면 게임오버가 된다. 생각해보라. 나는 이러이러한 사람이라고 암만 떠들어봤자 그 말을 들어줄 사람이 없으면 아무런 소용이 없지 않은가. 내가 어떤 사람인지 정립하게 되었다면 그것을 인정해줄 사람도 필요하다. 그렇지 않다면 맨 처음 아무도 없이 나 홀로 존재하던 때와 별반 다를 게 없다. 그래서 타자를 아예 죽이는 것은 좋지 않다. 타자를 지양하긴 하되, 목숨은 살려둬야 한다. 결론적으로 나와 타자 사이 관계에서 목표는 내가 주도권을 쥔 불평등한 관계를 유지하는 것이 된다. 헤겔은 이러한 관계를 주인과 노예의 관계에 비유하기도 했다.

· (·

　저팔계 사건이 있고 나서 나는 당연하게도 유치원에 가는 것을 싫어하게 됐다. 이건 단순히 새로운 환경에 적응을 하고 안 하고의 문제가 아니었다. 난생처음 제대로 마주한 타자가 너무나 불편했던 것이다. 생각해보면 각자에게 타자라는 존재가 불편한 건 너무도 당연한 일이다. 타자를 꺾어 내 밑으로 들어오게 해야 비로소 나 자신을 주체적으로 정립할 수 있으니, 타자를 만난다는 것은 곧 싸움의 시작을 의미한다. 하지만 타자를 지양함을 통해서만 나는 나 자신을 더 명확하게 확립할 수 있다. 내가 보다 주체적인 존재로 거듭나기 위해서는 그토록 불편한 타자가 반드시 필요한 것이다.

엄마도 이 사실을 알았는지 아니면 보다 실용적인 이유가 있었던 것인지, 내가 유치원을 그만두는 것을 허락해주지 않았다. 그날 이후로도 나는 기린반의 타자들 사이에서 여러 날을 보냈다. 매일 아침 유치원 가는 길이 썩 즐겁진 않았지만, 나와 아이들이 저팔계 송의 선호도 말고도 얼마나 많은 것들에 관해 서로 다른지 깨달을 수 있었다. 그냥 내게 주어진 장난감들을 가지고 하루를 재미있게 보내면 끝이었던 수민 어린이는, 학교에 들어갈 즈음엔 비로소 진정한 '자기소개'를 할 수 있게 되었다.

유치원에 다니던 시절은 벌써 20년도 전이고, 초중고는 물론 대학생 시절도 이미 다 지나보냈다. 그럼에도 불구하고 나는 아직까지 사람들을 대하는 게 가장 어렵다. 나를 가장 신경 쓰이게 만드는 건 99퍼센트가 사람들과의 관계에서 벌어지는 일들이다. 가족부터 시작해서 친한 친구, 그냥 아는 사람 그리고 그날 처음 만난 사람까지, 나는 사람들과 다양한 형태로 얽히고 그만큼 다양한 무게의 고민으로 괴로워한다.

하지만 그렇다고 해서 자괴감을 느끼진 않는다. 이건 어차피 타인과의 관계 속에서 살아갈 수밖에 없는 인간 존재의 숙명이다. 사회에서 다른 이들과 어울려 사는 이상, 나는 타자를 마주하고 존재의 주도권을 건 투쟁을 계속 해나갈 수밖에 없다. 내가 맞서 싸워야 하면서 또 완전히 제거해버릴 수도 없는, 그런 한없이 신경이 쓰이는 존재. 타인과 함께 어울려 산다는 것이 그래서 이렇게 피곤한 것이다. 모 웹툰 제목처럼, 타인은 지옥이라는 말은 그래서 나온 것이 아닐까.

또한 아무리 타인이라는 존재가 불편하고 어려워도 그들과 마주하는 것을 피해야겠다는 생각도 하지 않게 됐다. 오히려 불편하고 힘겨운 만큼 타자와 마주하는 일에 더 흔쾌히 임하게 되기도 했다. 타자와 서로를 지양하기 위해서 주도권 싸움을 하는 것은 분명히 힘든 일이지만, 동시에 나를 주체적인 존재로 거듭나게 하는 유일한 방법이라는 것을 알고 있기 때문이다.

무엇보다 타자를 지양함으로써 나를 규정할 수 있다는 사실을 곰곰이 생각해보면 묘한 애틋함까지 느껴진다. 타자는 나에게 '버리면서 취해야 하는' 존재다. 나는 네가 아니라고 타자를 부정함으로써 나 스스로를 규정하게 되지만 그러한 규정 안에는 결국 타자가 포함되어 있을 수밖에 없다. "나는 저팔계 송을 듣고 웃는 애가 아니야"라고 말한다면, 그 말 안에는 이 세상에 저팔계 송을 듣고 웃는 아이도 있음을 의미하는 말이 포함되어 있는 것과 같다. 내가 타자를 부정한다고 하더라도 타자는 부정됨과 동시에 나의 일부로 남아 있게 되는 것이다. 결국 타자란 내가 싸워야 하는 적이기도 하면서 언제나 내 안에 남아 있을 수밖에 없는, 그렇기에 애증의 존재가 아닐까 하는 생각이 든다.

그러니 타인이라는 존재를 너무 부담스럽게 생각하지 말자. 타인과의 관계를 힘들어하는 자신을 미워하지도 말고. 그들과 마주하는 것이 불편한 건 너무나 자연스러운 일이니까. 피할 수 없다면 즐기라고 했던가. 나 자신을 확신하는 데에 필수불가결한 존재인 타자를 용감히 마주하고 그들과의 투쟁에서 적극적으로 당신을 정립하라. 그러한 연륜이 쌓이고 쌓이면 언젠간 타인이라는 지옥에서 빠져나오려고 발버둥치는 대신, 이 불지옥 꽤 뜨끈하다며 몸을 지질 여유를 발휘할 수도 있을지도 모른다.

너라면 내 마음을
알아줄 거라 생각했는데

_헤겔의 변증법

•

게오르크 빌헬름 프리드리히 헤겔 George Wilhelm Friedrich Hegel (1770–1831) 상
대를 부정하면서 동시에 내 안에 보존하는 지양을 통해 정신은 이제 다음 단계
로 나아갈 수 있게 되었다. 헤겔에 따르면 이러한 도약의 과정이 여러 번 반복된
다. 그 결과 마침내 내 앞에 놓인 타자를 오롯이 파악할 수 있는 '절대정신'이 되
어 세상의 모든 진리를 알 수 있게 될 때까지 말이다. 여기서 중요한 것이 있다.
바로 정신이 한 단계 앞으로 나아가게 된 것은 정신이 마주하고 있는 타자가 변
해서가 아니라 정신 스스로가 변했기 때문이라는 것이다.

친밀한 사람과의 관계가 흔들리면 내 마음이 천천히, 하지만 통째로 흔들리는 기분이다. 더 이상 날 바라보는 눈빛이 예전 같지 않다는 걸, 내게 더 이상 예전만치 따뜻한 말을 건네지 않는다는 걸 깨닫는다. 설령 조짐을 확신으로 바꾸어줄 구체적인 행동을 찾지는 못하더라도, 떠난 마음에서 퍼져나가는 묘한 냉기는 결코 무시할 수 없을 만큼 나의 주의를 잡아끈다.

몇 년 전 가까웠던 사람과 관계를 끝낸 적이 있다. 나는 도통 이해할 수 없는 이유였다. 그간 쌓였던 추억이나 아직 남아 있는 애착감으로 인해 이 관계가 끝나는 것이 서글픈 것은 둘째 치고, 내가 가장 많이 느꼈던 감정은 '의외성'이었다. 어떻게 그 사람이 나에게 이럴 수 있지 하는 마음 말이다. 이런 마음 뒤에는 으레 내가 사람을 잘못 봤다는 생각이 따라붙기 마련이다. 실제로 그랬다. 내가 아는 그 사람, 아니 내가 안다고 생각하는 그 사람이라면 결코 내게 이런 행동을 하지 않을 텐데. 하지만 그 결코 아닐 거라고 생각했던 일은 이미 현실이 되었다. 아마 내가 생각했던 그의 모습은 진짜 그의 모습이 아니었던가 보다.

80년대 가사 같지만, 아픈 만큼 성숙해진다는 것은 빈말이 아니다. 이 관계의 변화는 사람을 사귈 때 내 태도에 변화를 가져왔다. 누군가를 좋아할 때 발을 반만 담그겠다는 둥 하는 다짐은 아니었다. 나는 원래 밀당이고 뭐고 모르는 사람이다. 좋아하면 무조건 직진뿐. 그게 사람이건 무형의 무언가건 상관없이 말이다. 다만 한 가지 여지를 남겨두기로 했다. 내가 파악했다고 생각한 상대방의 모습이 진정한 그 사람 자체라고 착각하지는 않기로. 내가 좋아했던 그 사람은 어쩌면 어디까지나 내 눈에 비친 모습 그 안에만 존재하는 것인지도 모른다고 말이다. "그 사람이 어떻게 내게 이럴 수가 있지"가 아니다. 그 사람은 원래 그런 사람이었을 뿐, 그저 내가 그 사람을 완벽하게 파악하지 못했던 것뿐이다.

그랬더니 끝나가는 관계에서 비로소 마음을 거둘 수 있게 되었다. 차갑게 변한 그 사람을 생각해도 더 이상 마음이—완벽하게는 아니지만— 통째로 흔들리는 듯한 감정을 느끼지 않을 수 있었다. 집중할 거리가 떨어지면 쉴 새 없이 찾아오던 서늘한 기분과 소란스러운 불안도 함께 사라졌다.

원래 만남은 반복되는 것 아니던가. 이후에 또다시 이와 같은 관계의 변화를 겪게 될 때 그 변화를 받아들이는 나의 태도가 훨씬 '쿨'해졌다는 것을 스스로도 느낄 수 있었다. 관계에 문제가 생겼을 때 어떻게 하면 상대가 마음을 되돌릴 수 있을까 고민하며 상대에게 집착하는 대신, 그 관계에 참여하고 있는 나에게 집중하게 되었기 때문이다. 어차피 그 사람을 나는 완벽하게 파악할 수 없다. 내가 알 수 없는 대상을 내 마음대로 움직일 수는 없는 노릇이다. 이런 방향으로 아무리 고민해봤자 별다른 수가 나오지 않는다. 그래서 대신 나는 내 눈에 비친 그 사람이 어땠기에 내가 그 사람을 좋아하게 되었을까를 생각했다. 설령 상대방 그 자체는 아닐지라도, 내가 좋아한 그의 모습을 생각해보고 나면 나 자신에 관한 이해가 한층 깊어진다. 이로부터 내 취향에 맞는 상대를 찾기가 수월해진다는 것은 1차원적인 이야기에 불과하다. 무엇보다 중요한 것은 이로부터 내가 스스로 행복할 수 있는 관계를 보다 수월하게 맺을 수 있게 된다는 것이다.

내가 관계에서 중요하게 생각하는 것이 무엇인지, 사람의 어떤 모습을 좋아하는지 그리고 어떻게 대우받을 때 만족할 수 있는지를 파악하고 나면 새로운 사람과 관계를 맺을 때 그 관계가 나를 행복하게 해줄 것인지 아닌지를 더 빠르고 정확하게 파악할 수 있다.

그래서 영 아닌 관계를 정 때문에 질질 끌고 가는 일도 사라지고, 상대에게 감정적인 서러움을 늘어놓기보다는 내가 어떻게 느끼고 또 그래서 무엇을 원하는지를 피드백해주게 된다. 무너져가는 관계를 바꾸고자 상대방으로부터 답을 찾으려고 할 때에는 오히려 상황이 악화하기만 했는데, 반대로 나 자신의 태도를 변화시키니 애초에 관계를 흔드는 원인이 사라졌다.

　더구나 무언가에 집착한다는 것은 원래 그 무언가를 나에게서 떠나버리게 만드는 가장 효과적인 방법이다. 내가 상대를 속속들이 파악할 수 있다고 생각하면 그 생각은 곧 상대에 대한 집착으로 변한다. 상대를 더욱 잘 알아야 관계를 삐걱거리게 할 만한 일을 방지할 수 있다고 생각하기 때문이다. 그러한 집착을 버리고 나 자신을 알아가는 것에 집중할 때 이전보다 안정적인 관계를 맺을 수 있는 것은 어찌 보면 지극히 자연스러운 결과다.

· ☾ ·

　관계를 바꾸기 위한 가장 효과적인 방법은 나 자신이 변하는 것이었다는 사실을 깨달은 이후 나는 헤겔이 사람의 본질을 제대로 보았구나 하는 생각을 했다. 물론 헤겔이 인간관계론이라든가 연

애학개론 따위를 강의한 적은 없다. 다만 그가 설명하는, 인간 정신이 발전해나가는 과정을 읽고 있노라면 이것은 틀림없이 두 사람 사이의 관계에 관한 이야기가 아닐까 싶은 생각이 든다.

헤겔은 인간이 앎을 획득하는 과정을 꽤 독특하게 설명하는 철학자다. 그러한 과정을 설명한 것으로 유명한 그의 저서는 『정신현상학』이라는 제목을 달고 있다. 이걸 아주 조금 더 정확히 말하자면 '정신의 현상학'이고, 이를 풀어서 말하면 '정신의 의식과 정신이 경험하는 대상에 대한 탐구' 정도가 되겠다. 뭐 대충 보니 주인공은 '정신'이라는 것 같다. 그 주인공이 의식하는 것 그리고 경험하는 대상을 탐구하겠다는 뜻이니 말이다. 이제 여기서 '정신'의 정체만 밝히면 될 텐데, 이 또한 별것 없다. 우리가 일상적으로 말하는 정신과 크게 다르지 않은 개념이기 때문이다. 우리가 정신을 똑바로 차리고 무언가를 이해하려 할 때의 바로 그 정신. 내가 하는 경험을 인식하고 머릿속으로 생각하는 모든 것을 관장하는 바로 그 정신을 말한다고 생각해도 무방하다.

헤겔은 『정신현상학』에서 인간의 정신이 맨 처음 태어난 이후 점차 성장하며 발전해나가는 과정을 단계별로 설명한다. 헤겔에 따르면 우리의 정신은 여러 단계의 발전 과정을 거치다가 마침내 세상의 진리를 파악할 수 있는 '절대정신'이라는 마지막 단계에 도

달한다. 이때 정신이 한 단계에서 다음 단계로 이행하는 과정은 항상 동일한 형식을 따른다. 바로 변증법이라는 형식이다.

(

내 앞에 어떠한 대상이 나타난다. 나는 이 대상을 알고 싶어서 이리저리 노력해보지만 대상을 향한 나의 인식은 아무리 노력해도 완전한 그 대상 자체가 되지는 못한다. 나는 결국 그것을 온전히 파악하는 데 실패한다. 내 앞에 있는 이 사람을 속속들이 파악해서 완전히 내 것으로 만들어버리고 싶은데, 이 사람이 나에게는 절대 알려주지 않는 자신의 고유한 영역을 간직한 채로 내게 넘어오지 않고 버티는 것이다. 이것은 나와 상대의 대립이다. 이 갈등을 끝내려면 내가 완벽하게 상대를 파악해야 하는데 이미 말했듯 이건 아무리 용을 써도 불가능하다. 그렇다고 내가 두 손 두 발 다 들고 "내가 졌소" 하며 상대 밑으로 들어가고 싶지는 않다. 자존심이 있지.

그래서 나는 아예 제3의 전략을 택한다. 바로 나 자신을 바꿈으로써 관계가 처해 있는 국면을 바꾸어버리는 것이다. 나는 상대를 내가 완벽하게 파악할 수 있다는 생각을 그만두었다. 그를 알고자 하는 집착을 버린 것이다. 그리고 눈을 돌려 나에게 집중했다. "어라? 쟤 뭔가 평소랑 다르네?" 나 자신이 바뀌면 내가 참여하고 있는 관계도 달라질 수밖에 없다. 굳이 상대를 변화시키려고 노력하지 않아도 변화한 나의 시선에 맞추어 상대도 함께 움직인다.

이게 바로 변증법이다. 경험의 주체인 나. 그리고 내가 경험하는 대상이지만 그렇다고 내가 원하는 대로 전부 파악할 수가 없는 외부 대상. 이처럼 나와 외부 대상이 마주하고 있는 갈등을 해소하기 위해 나는 제3의 차원으로 나아간다. 내가 새로운 단계로 나아감으로써 상대방을 아예 나라는 주체의 영역으로 환원시키는 것이다.

이렇게 나아간 새로운 단계는 이전보다 훨씬 발전한 단계이다. 나의 정신은 앞선 단계보다 훨씬 성장했다. 보다 성숙한 내가 된 것이다. 머리가 컸으니 관심 가는 대상이 달라지는 건 당연지사. 똥차를 보냈으면 벤츠는 안 되더라도 소나타쯤은 만나야 한다. 나는 이제 기존 상대에게 더 이상 관심이 가지 않는다. 내가 바라는 모습의 관계를 나와 함께 더욱 잘 만들어갈 수 있는 새로운 대상에게 관심이 생긴다.

그런데 원래 사람 사이의 만남이라는 것에 완전히 새로운 것은 없다. 내가 만나는 구체적인 한 사람 한 사람은 각각 고유한 인물이지만, 사람을 사귄다는 것에는 어느 정도 일정한 패턴이라는 게 있다. 또한 내가 정말 득도라도 하지 않는 이상, 아무리 이전보다 성숙해졌다 한들 관계에서 오는 고민과 마음고생이 전부 사라지는 것은 아니다. 정말로 도가 트일 때까지는 — 과연 그런 날이 올지는 모르겠지만 — 사람을 사귈 때마다 매번 비슷한 과정을 겪을 수밖에 없다. 그러면 문득 그런 생각이 들 때도 있다. 내가 이렇게까지 감정과 에너지를 소모하며 사람과 사귀어야 할까. 유독 관계에서 지치는 날엔 아예 사람을 사귀는 것 자체로부터 떠나버리고 싶은 생각마저 든다.

만나고 헤어짐을 반복하는 것은 인간의 정신도 마찬가지다. 변증법적 도약을 통해 한 단계 발전한 정신은 이제 자신의 새로운 관심사에 부합하는 대상을 찾았다. 새로이 만난 대상은 내가 처음 경험하는 것이지만 그 경험의 과정은 이전과 크게 다른 양상을 보이지 않는다. 내가 마주하고 있는 대상을 제대로 파악하고 싶은 정신. 그러니 순순히 자신을 내어주지 않는 대상. 정신은 이 관계에서 분투하다가 결국 다시금 변증법적인 도약을 한다. 이러한 과정을 반복하면서 정신은 더욱 성숙해지고, 대상을 파악할 수 있는 능력도 발전한다.

거듭되는 발전의 끝에서 정신을 기다리고 있는 것은 내 앞에 놓인 대상을 전부, 오롯이 파악할 수 있는 '절대정신'의 단계다. 이제 세상의 진리를 모두 파악할 수 있는 것이다. 사람을 사귀는 것에서 인간은 도저히 이런 단계에 다다를 수 없겠지만, 그나마 위안이 되는 것은 한 번의 헤어짐 후에 나는 한층 성숙해질 수 있다는 것이다. 내 마음처럼 되지 않는 상대를 어떻게든 원하는 대로 바꿔보겠다고 징징거리며 상대도 나도 힘들게 하는 일을 그만둘 수 있다. 어떻게 보면 뜨거움을 잃어버리고 점점 무덤덤해지는 것이 못내 아쉬울지도 모른다. 하지만 이건 어디까지나 '성숙'이다. 시들어가는 게 아니라 익어가는 것. 결국 나와 상대를 모두 존중해줄 수 있는 관계를 만들어갈 것이다.

사람과의 만남은 어렵다. 그 관계가 깊어지면 깊어질수록 어렵다. 단순히 '처세'에 어려운 면도 있지만, 그보다 까다로운 것은 사람과의 관계 속에서 느껴지는 나의 감정을 추스르는 일이다. 소중한 사람과의 관계가 삐걱거릴 때 마음에 구멍이 숭숭 뚫리는 듯한 기분으로는 아무 일도 손에 잡히지 않는다. 괜히 마음이 허해 안 하던 짓을 하거나 관계를 개선하려는 조급함에 오히려 상황을 악화시키기 일쑤다.

헤겔의 변증법은 내 정신이라는 주체와 그 주체가 마주하는 대상에 관한 것이다. 이 역시 두 항이 맺고 있는 관계다. 헤겔의 설명처럼 주체가 변증법을 통해 성장을 이룬다면, 내가 사람들과 맺고 있는 관계에서 성장을 이루기 위해서도 변증법이 필요할 것이다. 그리고 변증법적 도약은 언제나 내가 변함으로써 이루어진다. 그러니 관계에서 변화를 이루고 싶을 때 내가 진짜 바꾸어야 할 것은 상대방이 아니라 나 자신의 태도인지도 모른다. 내가 상대를 알겠다는 욕심을 버리고 반대로 나 자신을 더 잘 알아보고자 내 마음가짐을 바꾸었던 것처럼, 나 자신이 변화함으로써 비로소 내가 몸담고 있는 관계에 변화를 가져올 수 있을 것이다.

내 마음처럼 되지 않는 상대방 때문에 고민하고 있다면, 아무리 노력해도 제자리인 것만 같은 관계에 지쳤다면, 그 해답을 찾기 위해 나 자신에게로 눈을 돌리자. 관계를 바라보는 나의 마음가짐과 태도가 변하는 순간, 그동안 꿈쩍도 않던 관계에도 새로운 빛이 들어올 테니까. 기존의 상대와 새로운 국면의 관계를 맞이하든 아니면 관계를 정리하고 새로운 사람을 찾아나서든, 둘 중 어느 쪽의 변화이든 간에 이전보다는 한 단계 발전한 모습일 것임에 틀림없다. 만나고 헤어짐의 마지막 해피엔딩은 과연 어디인지 아직 잘 모르겠지만 관계에서의 변증법을 반복해나가다 보면 언젠간 알게 되

지 않을까. 변증법적 도약의 마지막, '절대정신'의 단계에 이르러
세상의 진리를 모두 파악하게 된 정신처럼.

취중진담에 데인 적이
너무 많아요

_로크의 자아

●

존 로크 John Locke(1632-1704) 영국 경험주의의 시작을 연 인물로 꼽히는 로크
는 정치철학에서도 그가 주창한 사회계약론으로 잘 알려져 있다. 그러나 로크
가 이름을 날리는 계기가 된 것은 다름 아닌 인격의 동일성에 관한 논의였다. 그
는 개체화의 원리를 명확히 하는 것에서 논의를 시작한다. 개체화의 원리란, 동
일한 종류의 실체에 속하는 여러 사물을 우리가 각각의 개별적인 사물로 인식할
수 있게 해주는 원리다. 예를 들면 인간이라는 실체에 속하는 다수의 사람들을
우리가 한 명 한 명의 개별적인 사람으로 구분해내는 원리가 그렇다.

노래방에서 들으면 경악하는 노래 중에 '취중진담'이 있다고 했던가. 나는 장소를 불문하고 이 노래가 싫다(김동률 씨 죄송해요). 취중진담에 데인 적이 너무 많기 때문이다. 상대방이 술기운에 한 말을 듣고서 나는 혼자 별별 상상을 다 하고 마음을 썼는데, 그다음 날 정작 그 말을 한 상대방은 자신이 한 말을 깡그리 잊어버렸을 때. 기가 막힌 것은 둘째 치고, 지난 밤 내게 마음고생을 시킨 이 사람이 얄미워서 한 대 때려줄까 싶은 마음이 강하게 들지만, 곧 그보다 더 큰 의문 하나가 나를 감싼다. 그럼 술 취해서 내게 한 말은 진심이었던 걸까? 진심이라면 차라리 밤새워 한 나의 고민이 덜 아깝다. 하지만 진심이 아니라면? 그렇게 확신이 넘치는 모습으로 나에게 말했던 전날 밤의 그 사람은 대체 누구란 말인가. 정녕 지금 내 눈앞에 있는 이 사람이랑 같은 사람인 걸까?

17세기 영국에 살았던 존 로크도 이에 관심이 많았다. 술에 취해

하는 말을 어떻게 걸러 들어야 할지 관심이 있었다는 게 아니다. 다만 눈앞에 있는 이 사람이 언제나 이 사람일 수 있게 만들어주는 요소가 무엇일지에 관해 관심이 많았다. 이를 다른 말로 바꾸어 말하면 '사람의 동일성identity'의 기준이라고 할 수 있다. 로크는 우선 우리가 무엇인가를 '하나의 동일한 것'으로 인식하는 것은 언제인지 묻는다. 그리고 그러한 원리가 사람에게는 어떻게 적용될 수 있는지를 살펴보게 한다.

나는 신발 욕심이 특별히 많은 것은 아니지만 유난히 좋아하는 모델이 있다. 내가 좋아하지 않아도 이미 충분히 인기가 차고 넘치는, 나이키 에어 포스 1. 그런데 이 에어 포스 1은 시리즈로 나오는 모델들이 정말 다양하다. 운동화 모델명 중 '에어 포스 1 ○○'와 같은 식으로 앞에 에어포스 1이라는 이름을 달고 그 뒤에 다른 명칭이 붙어 있는 것들이 이런 베리에이션 모델들이다. 에어 포스 1의 기본적인 디자인을 장착하고 있되, 각 모델별로 세세한 부분들이 조금씩 다르다.

에어 포스 1 시리즈 중에서도 나는 발볼이 가느다란 스타일을 좋아해서 '에어 포스 1 울트라 포스' 모델을 한참 애용했다. 그리고 이 모델과 아주 비슷한 디자인으로 나온 '에어 포스 1 세이지 로우'를 요새 매일 신고 있다. 얼마 전에는 '에어 포스 1 쉐도우'

모델을 또 샀다. 이건 앞코가 조금 더 둥그런 모양이어서 귀엽다. 무게도 훨씬 가볍고. 물론 세 켤레 전부 올 화이트 색상이다. 코즈메틱 덕후, 일명 코덕들은 하늘 아래 같은 색조는 없다는 말로 자신들의 색조화장품 수집벽을 정당화하곤 한다. 자세히 보지 않는 이상 똑같이 생긴 운동화 세 켤레를 사는 내 마음도 그와 비슷하다. 세이지 로우나 쉐도우나 똑같이 흰색에다가 포스를 연상시키는 디자인이지만, 내 눈엔 엄연히 다른 두 켤레다. 쉐도우는 무엇보다 스우시 디자인도 독특하고, 뒷면 탭도 두 개씩 겹쳐져 있고, 운동화 끈 구멍 개수도 더 많은 데다가….

하지만 이런 세세한 부분에 신경 쓰지 않는 사람은 어쩌면 내가 맨날 똑같은 운동화 한 켤레만 신고 다닌다고 오해할지도 모르겠다. 하지만 그렇게 오해하고 있는 사람이라 할지라도 내가 쉐도우와 세이지 로우 두 켤레를 눈앞에 가져다 놓고 "이봐, 이거 사실 서로 다른 두 켤레야"라고 한다면 "쟤는 왜 비슷한 디자인을 두 개씩이나 사는 거야"라고 생각할지는 몰라도, 어쨌거나 내게 별개의 운동화 두 켤레가 있다는 사실을 부인하진 않을 것이다. 쉐도우가 한 켤레, 세이지 로우가 한 켤레, 두 쌍의 운동화가 눈앞에 나란히 자리 잡고 있을 테니까 말이다.

로크는 이를 마치 공식처럼 정리해준다. 하나의 물체가 같은 시간에 여러 장소에 존재할 수 없다. 또한 두 개의 물체가 같은 시간에 한 장소를 차지하고 있을 수 없다. 운동화 한 쌍이 갑자기 자가 분열을 해서 두 쌍이 된 것이 아니다. 내가 가져다 놓은 운동화는 처음부터 각자 존재했다. 더구나 버젓이 두 켤레만큼의 자리를 차지하고 있다. 로크가 말하길, 우리는 물체가 존재함에 있어 그 시작이 동일하다면 단 하나의 동일한 물체로 파악하고, 물체들이 서로 다른 존재의 시작을 갖는다면 이들을 서로 다른, 즉 동일하지 않은 물체로 파악한다.

우리가 어떨 때 '동일하다'고 판단하는지 알아봤으니, 이제 인간 또는 사람에게 어떻게 그 판단이 적용되는지 살펴볼 차례다. 다만 로크는 두 가지 경우를 구분한다. 내가 굳이 "인간 또는 사람"이라고 말한 데에는 사실 이유가 있다. 로크가 '인간man'과 '사람person'의 동일성을 구분해 설명하기 때문이다. 일상적으로는 이 두 단어가 의미 구분 없이 서로 혼용되는 경우도 있지만, 아마 직관적으로 느껴지는 미세한 차이를 인지할 수 있을 것이다. 로크는 자신의 글에서 '인간'이라는 단어로 인간 종種에 속하는 생물학적 측면에서의 우리 존재를 지칭하고, '사람'이라는 단어로 보다 심리학적 또는 인격적 관점에서의 우리 존재를 지칭하고 있는 것으로 보인다.

우선 '인간'의 동일성을 살펴보자. 로크가 이러한 논의를 했던 1689년의 저작 『인간지성론 또는 인간오성론An Essay Concerning Human Understanding』에서는 우리가 '인간'이라고 생각할 때 우리 머릿속에 떠오르는 것은 '특정한 형상을 가진 동물'의 이미지라고 말한다. 로크가 이런 말을 한 이유는 그가 인간의 동일성을 결정하는 기준에 영혼뿐만이 아니라 육체 또한 포함되어야 한다고 생각했기 때문이다. 왜, 종종 듣지 않는가. 육신이 사라져도 우리 영혼은 여전히 남아 있을 수 있다든가 하는 이야기 말이다. 로크는 바로 이러한 입장을 의식하고 있었다. 이렇게 영혼만을 중시하는 사람들이라면 개별적인 하나의 인간을 구분하는 기준으로 육체를 포함시키지 않을 것이기 때문이다.

로크는 그의 책 속에서 아주 구체적이고 재미있는 예시를 든다. 만약 우리 앞에 앵무새가 있다고 치자. 앵무새니까 말을 할 줄 안다. 그래서 재미로 몇 마디 말도 시켜봤다. 그런데 이 앵무새, 뭔가 좀 이상하다. 그냥 사람 말을 따라 하는 게 아니라, 진짜로 자기가 생각을 하며 말하고 있다. 게다가 계속 대화를 나누다 보니 왠지 나보다 더 똑똑한 것 같다…? 이런 요상한 상황을 주변에 알리려고 할 때 나는 분명 "이 앵무새 좀 봐!"라고 할 것이다. 아무리 인간이랑 똑같이, 아니 그보다 더 똑똑하게 말을 한다고 해도 내가 "이 사람 좀 봐!"라고 하지는 않을 것이다. 왜냐하면 아무리 봐도 앵무새의 모습을 하고 있으니까! 그만큼 육체적인 형상은 우리가 특정한 종류의 존재(인간, 앵무새, 토끼 등)를 인식할 때 중요한 역할을 한다고 로크는 말한다.

이제 영혼과 더불어 육체 또한 개별적인 하나의 인간을 구별하게 해주는 기준이 되어야 한다고 로크는 주장한다. 이때 영혼은 우리가 날 때부터 부여받아 가지고 있는 것이니 그 존재의 시작이 명확하다. 영혼이 정신적인 것이라면 육체는 물질에 속한다. 물질적인 사물은 그 사물에 외부의 물질이 추가되거나 혹은 그 사물을 구성하고 있던 물질이 떨어져 나오지 않는 한 동일한 사물이라고 생각할 수 있다. 확실히, 기존의 사물에 물질이 더해지거나 감해진다면 그 물체의 동일성은 유지되지 않는 것 같다. 음식점에서 주문을 하고 음식을 받았는데 갑자기 점원이 "잠시만요"라며 내 접시에 놓인 음식을 반 뚝 떼어간 후 당연하다는 듯 "존재의 시작이 같으니까 어차피 동일한 음식입니다"라고 말하는 상황은 결코 용납되지 않을 테니 말이다.

하지만 그 물질이 '생명체'를 구성하고 있다면 얘기가 달라진다.

서빙된 음식을 다 먹어서 내 몸에 그 음식만큼의 물질이 더 추가됐다고 하더라도, 나는 여전히 동일한 나다. 이 점을 고려해 로크는 인간을 포함한 동물 그리고 식물과 같은 '생명체'는 그것의 육체가 하나의 생명을 유지하기 위해 유기적으로 조직되어 있는 것을 기준으로 동일성을 결정해야 한다고 말한다. 즉 육체에 아무리 물질이 추가되고 또 감해진다고 하더라도 그 물질들이 유기적인 조직으로서 하나의 생명체를 유지하는 데 참여하고 있는 한 그 육체는 하나의 동일한 것으로 생각해야 하는 것이다.

그렇다면 일단 태어나서 특정한 영혼을 부여받고, 가지고 있는 육체가 미토콘드리아처럼 갑자기 두 별개의 육체로 자가증식 하지 않는 이상 '인간'으로서의 동일성은 유지될 것이다. 결과적으로 '인간'이라는 측면에서 본다면 지금 내 앞에서 어젯밤 일이 전혀 기억나지 않는다고 말하는 이 인간은, 육체에 다량의 알코올이 추가된 상태이기는 하지만 어제나 오늘이나 동일한 인간이라는 결론이 나온다.

하지만 우리에게 고민을 안겨주었던 것은 이보다 좀 더 인격적인 면의 동일성이다. 바로 '사람'의 동일성 말이다. 이 사람이 진심으로 무슨 말을 하고 안 하고는 이 사람의 인격과 관련이 있는 것이니까. 로크는 우선 '사람'이라는 단어가 가리키는 것은 이성을 가짐으로써나 스스로를 '나'라고 여길 수 있는—다른 말로는 반성 reflection 능력이 있는— 생각하는 지적 존재라고 말한다. 그런데 이렇게 생각한다는 것은 의식consciousness과 분리될 수 없다. 우리가 하는 모든 생각은 우리에게 반드시 의식될 수밖에 없기 때문이다. 그 덕분에 나는 비로소 내가 무언가를 감각하고 생각하고 있다는 것을 알게 되고, 이를 통해 나는 내가 '나 자신'이라고 부르는 것이 된다. 바로 '자아self' 개념을 형성하는 것이다.

즉 내가 나 스스로를 다른 이와 구별되는 고유한 '나 자신'으로 생각하게 되는 근거는 바로 나의 자의식, 자아다. 이러한 자의식으로 하여금 나는 나를 다른 모든 이성적인 존재로부터 구별하는 것이다. 이 점을 들어 로크는 나의 인격적인 동일성을 결정하는 기준이 곧 의식에 달려 있다고 말한다. 그리고 내가 동일한 자아로 남아 있을 수 있는 것은 나의 의식이 확장될 수 있는 곳까지라고 이야기한다. 과거 자신의 행동이나 생각을 의식할 수 있는 데까지 한 사람은 동일한 사람으로 남아 있을 수 있다.

그렇다면 만약 나의 의식이 중단될 경우, 그래서 그동안 내가 하는 생각을 나 스스로가 의식하지 못하는 경우에는, 그 시간 동안의 '나'를 현재 내가 의식하고 있는 '나'와 동일한 사람으로 생각할 수 없다는 결론이 나온다. 의식이 끊겼던 동안 나의 인격은 다시 의식이 돌아온 지금의 인격과 같다고 볼 수가 없는 것이다. 이제 답이 나왔다. 어젯밤 술에 취해 내게 의미심장한 말을 던졌던 이 사람은 자신이 했던 말과 행동을 전혀 의식하고 있지 못하다. 괜히 얼굴을 붉히기 싫어서 나에게 아무것도 기억이 안 난다고 거짓말을 치고 있는 것이 아닌 이상, 그 사람의 의식은 어젯밤 동안 잠시 중단되었고 따라서 그 시간 동안은 지금의 이 사람과 다른 사람이었다고 볼 수 있다. 그렇다면 내가 마주하고 있는 제정신의 이 사람이 술에 취해 한 말은 진심이었다고 생각해선 안 될 것이다.

(

로크는 이처럼 의식이 달라짐에 따라 인격도 달라지는 것을 법률 적용과 관련해 논의한 적도 있다. 요즘도 심심치 않게 뉴스에서 들리곤 한다. 술에 취해서 저지른 범죄를 가해자가 기억하지 못한다는 이유로 감형을 받았다고. 들을 때마다 기가 차는 소식이 아닐 수가 없다. 로크가 얘기한 '사람'의 동일성 기준을 생각해보면 혹시 로크는 이러한 판결이 당연하다고 말하는 건 아닐까 하는 생각도 든다. 술에 취해 의식이 끊긴 상태에서 범죄를 저질렀다면 평소의 인격과는 다른 인격이 범죄를 저지른 것일 테니 말이다. 하지만 다행히도(?) 로크는 이에 면죄부를 내리지 않는다. 로크는 가해자가 의식을 하든 못 하든, 어쨌거나 그에게 범죄의 책임을 물어야 한다고 말한다. 이유는 무척이나 상식적이다. 진짜로 그 사람의 의식이 중단되었던 것인지, 그래서 현재의 인격과는 전혀 다른 인격이 범죄를 저지른 것이 확실한지 법이 제대로 판단을 내리기가 까다롭기 때문이다.

이런 걸 생각하면 앞으로 당사자는 기억하지 못하는 취중진담을 듣고 혼자 삽질하는 일을 방지하기 위해서라도 술자리에 로크의 책을 들고 갈까 하는 생각마저 든다. 술의 힘을 빌려 나에게 던진 낯간지러운 말도, 술김에 이때다 싶어 내게 전하는 건가 싶은 서운한 말도, 다음 날 아침이 되어 자신의 의식에는 그런 말을 했던 것이 전혀 남아 있지 않다고 둘러대는 상대에게 책임을 지라며 떼를 쓸 수 있을지도 모른다. 억울하면 로크에게 말하라지.

하지만 이건 어디까지나 희망사항일 뿐이다. 가장 현실적인 방법은 그저 흘려듣는 것. 밤사이 술에 취해 평소 의식이 끊긴 상태의 사람은 아침이 되어 평소의 의식으로 돌아온 사람과 동일한 사람이라고 볼 수 없다. 그렇다면 술에 취해 내뱉은 말이 술에 취하지 않았을 때에도 진심을 담아 할 수 있는 말이라고는 생각하기 어렵다. 그러니 누군가가 술에 거나하게 취해 나에게 무언가 말을 한다면, 그 말이 아무리 중요하게 들린다 할지라도 한 귀로 듣고 한 귀로 흘려버리는 편이 현명하다. 좋은 말이건 나쁜 말이건, 어차피 내가 평소에 마주하는 그 사람이 할 만한 이야기는 아닌 것이다. 만약 평소에는 하지 못하는 말을 술의 힘을 빌려 전하곤 하는 이들이라면, 부디 자신의 주량을 꼭 확인해두길. 그리고 적어도 이튿날까지는 자신이 한 말을 똑똑히 의식해주길.

나도 내 이익을 위해
다른 사람을 이용해야 할까

_칸트의 정언명령

●

임마누엘 칸트 Immanuel Kant(1724~1804) 산책 시간을 칼같이 지킨 것으로 유명한 칸트는 올바름을 고수하기로도 둘째가라면 서러운 인물이다. 그의 윤리관은 『도덕 형이상학의 기초』에 체계적으로 정리되어 있다. 칸트는 무조건적으로 선한 것은 오로지 선한 의지뿐이라고 말한다. 선한 의지를 제외하고는 모두 조건부로 좋은 것들이라는 것이다. 세상에는 분명 좋고, 추구할 만한 것들이 많이 있지만 이러한 것들은 그것을 사용하는 의지가 선하지 않을 때 악하고 해를 끼칠 수 있다. 그래서 칸트는 우리가 이성을 발휘해 다른 마음에 흔들리지 않고 오로지 선한 의지에만 의거하여 도덕적인 행동을 해낼 것을 요구한다.

흔히 "철들었다", "어른이 됐다"라는 말을 한다. 나는 예전부터 이 말을 할 수 있는 기준은 대체 무엇일지 자주 생각하곤 했다. 천진난만한 아이에서 비로소 세상 물정을 아는 어른이 되는 순간은 대체 무엇을 기점으로 오는 것일까. 처음엔 주변 사람들을 얼마나 배려할 수 있느냐가 그 답인 줄 알았다. 사람은 어느 순간 나 편하자고 한 일이 사실은 다른 누군가의 고충을 자아낸다는 것을 깨달을 때가 있다. 수업 시간에 던져진 선생님의 질문에 아무도 대답하지 않으면 답을 모르는 나보다 더욱 곤혹스러운 사람은 선생님이라는 것을 깨달을 때. 누가 들어도 틀린 대답이지만 누군가 대답을 해야만 수업이 진행될 게 뻔한 상황에선 내가 나서서 오답을 말한다.

이렇게 보이지 않던 고충이 눈에 띄고, 내가 약간의 희생(?)을 감수하고서라도 그 고충을 덜어주고 싶은 마음이 드는 것. 나는 이게 아이와 어른을 나누는 기준이 되는 줄 알았다. 그런데 지금에 와서 생각해보니 그게 아니었다. 이건 그냥 성장일 뿐이었다. 진짜 세상 물정을 아는 어른이 되었다고 말하려면, 사람을 믿으면 안 되는 거였다. 이 세상에 선한 의도를 가진 사람들만 있을 거라고, 대놓고 나쁜 짓을 하는 사람들은 뉴스에서나 나오는 거라고 생각하는 것. 이것이야말로 철모르는 아이의 생각이었다.

　학교를 나와서 사회인이 되어야 비로소 어른이라는 단어가 어울리듯, 내게도 어른의 순간은 졸업 후에 찾아왔다. 세상에 나와 보니 학교에서 배웠던 '옳음'은 생각보다 잘 지켜지지가 않았다. 생각보다 많은 사람들이, 이래도 되나 싶을 정도로 옳지 않은 행동을 쉽게 저지른다. 내게 접근하는 사람 중에는 나쁜 의도를 가진 사람도 많다. 이런 사람들은 내게 한껏 기분 좋은 말을 들려주고는 정작 뒤에서는 내 험담을 지어내거나, 나를 자신에게 이익이 될 만한 수단으로 이용하고자 상황에 따라 앞뒤가 다른 말을 한다. 지금이나 됐으니 과할 정도로 나를 추켜세우는 사람 또는 이미 한 말과 다른 말을 하는 사람을 보면 낌새가 좀 이상하다고 경계할 수 있지만, 몇 년 전만 하더라도 그러지 못했다. 칭찬을 해주면 고마운 사람이라고 생각하고, 앞뒤가 안 맞는 말을 해도 그 나름의 사정이 있겠거니 하고 이해했다. 지금 생각해보면 사기꾼의 전형인데 말이다.

　이런 사람들을 겪고 나면 그들의 행동으로 인해 실질적인 손해가 발생하기도 하지만, 그보다 더 머리 아픈 고민이 찾아온다. 무례하기 짝이 없고 자신의 이익을 위해서라면 아무렇지도 않게 나쁜 짓을 하는 사람들이 차고 넘치는 세상. 이 비상식적인 세상에서 살아가기 위해서는 나도 기존의 상식을 버려야 하나? 옳다고 생각한 것을 앞으로도 꿋꿋이 지키면 지금처럼 나만 손해를 보는 것은 아닐까? 나도 내 이익을 위해 다른 사람들을 이용하고, 필요에 따라 거짓말도 좀 해줘야 이 험한 세상에서 살아남는 것이 아닐까? 그런 혼란스러움이 이어진다.

·　(　·

이런 때엔 상담이 필요하다. 내가 겪은 일을 털어놓고, 그로 인해 흔들리고 있는 내 중심이 다시 바로 설 수 있게 조언을 들려줄 만한 이가 필요한 것이다. 상담을 진행할 주치의의 이름은 임마누엘 칸트.

칸트에 따르면 도덕적이라고 평가될 수 있는 행동은 오로지 그 행동의 동기가 의무로부터 나왔을 때뿐이다. 이러한 경우와 달리, 행동의 동기가 의무와는 상관없이 그 양상만 단순히 의무에 합치하는 것은 전혀 별개의 경우라는 것에 주의하자. 내가 상대의 무례한 행동에 반응할 때 "사람들에게 예의를 지켜야 한다"라는 의무를 따라야 한다는 마음에서 예의를 지킨 경우 그리고 똑같이 예의를 지키긴 지켰지만 그 행동을 이끈 마음이 의무를 따라야 한다는 것 이외의 것일 경우, 모두 결과적으로 예의를 지키긴 했지만 그 동기에 따라 각각 다르게 평가된다.

칸트는 우리 행위의 동기로 크게 두 가지를 말한다. 의무와 경향이다. 경향이라는 것은 '행동을 특정한 방향으로 이끈 것'이라고 생각하면 된다. 두 가지 중 어떤 것이 행위의 동기였는지 명백하게 구분되는 경우에는 도덕적 행위인지 아닌지 판단하기가 쉽다. 예를 들어, 상대방이 나에게 무례한 행동을 했음에도 불구하고 남들에게 예의를 지켜야 한다는 의무감 때문에 내가 끝까지 예의 있게 행동했다고 치자. 이것은 칸트에 따르면 분명히 도덕적인 행동이다. 도덕적인 행위를, 도덕적인 의무감 때문에 한 것이기 때문이다. 그렇다면 이번에는 내가 "무례한 상대방에게도 내가 예의 있게 행동한다면 나에 관한 좋은 평판이 돌겠지"라는 마음에 이끌려(그러한 경향에 따라) 예의를 지켰다고 생각해보자. 칸트는 이를 두고 나의 행위가 겉보기에는 도덕적일지 몰라도 그 동기가 의무가 아닌 경향—나 자신의 이득을 따르고자 한 경향—이었기 때문에 도덕적이지 않다고 말할 것이다.

한데 우리가 하는 행위의 동기가 항상 이처럼 깔끔하게 구분될 수 있는 것은 아니다. 만약 내가 무례하기 짝이 없는 상대에게 화가 나지만 그래도 남에게 예의를 지켜야 한다는 의무감에 끝까지 예의를 지키면서, 그와 동시에 나 자신은 그처럼 무례한 행동을 하는 것을 스스로 용납할 수 없다는 마음에 이끌리기도 했다면 어떨까? 의무감에 어느 정도 의거하긴 했지만, 나는 저렇게 격 떨어지는 행동을 하지 않겠다는 일종의 우쭐거리고자 하는 경향에도 이끌렸다면?

칸트도 이러한 경우엔 그 행위가 도덕적인지 아닌지를 판단하는 것이 까다롭다는 것을 인정한다. 그래서 이 경우 정확하게 어떤 판단을 내려야 할지 확실하게 규명하지 않는다. 그 덕에 학계에서는 칸트의 의도를 추측하며 다양한 해석을 내놓아왔다. 참고로 칸트가 그의 책 속에서 들고 있는 예시 중에는 사는 게 너무 싫고 힘들지만 그저 자살은 옳지 않은 행동이니까 마지못해 생을 이어나가는 사람을 언급하는 부분이 있다. 이를 두고 칸트는 아무리 힘들고 괴로워도 오로지 자살을 하면 안 된다는 의무감으로 삶을 이어나가는 그의 행위는 마땅히 도덕적이라고 평가한다. 이걸 보면 칸트는 그 어떤 경우에도 오로지 의무감에만 의거한, 즉 스스로는 결코 즐거움을 느끼지 않으면서도 무조건 의무니까 억지로 행동해야만 도덕적이라고 보는 것인가 하는 생각이 들기도 한다.

칸트가 직접 내릴 결론은 과연 무엇일지 확정 지을 수는 없지만, 최근 학계의 대세는 다음과 같은 해석인 것 같다. 만약 의무감으로부터 비롯된 마음만으로도 충분히 그 행위를 이끌어낼 수 있다면, 그 행위를 이끈 동기에 의무감 외에 다른 것들이 함께 존재한다고 해도 그 행위를 도덕적이라고 판단할 수 있다고 말이다. 쉽게 말해 의무감이 주된 동기였다면 다른 동기가 동시에 존재한다고 해도 도덕적인 행동이라는 의미다. 지극히 상식적인 대답이어서 조금 뻔하다 싶기도 하지만, 칸트의 이론을 최대한 현실적으로 구현할 수 있는 방법이라는 점에서는 마음에 드는 해석이기도 하다.

원래 가장 주인공은 마지막에 나오는 법. 이제야 비로소 그렇게나 중요하다는 의무는 과연 어디에서 나오는 것인지 살펴볼 수 있다. 우리가 남들에게 예의 있게 행동해야 한다고 의무감을 느낄 때, 이 의무라는 것은 과연 그 출처가 어디일까? 다른 누군가가 우리에게 정해주는 것인가? 아니면 내가 스스로 설정하는 것일까?

칸트에 따르면 이러한 의무는 외부로부터 부과되는 것이 아니다. 다만 내가 나 자신에게 질문을 하나 던지고, 그에 따른 나의 답에 의거해 설정하는 것이다. 내가 하려는 행동에 따르는 원칙이 이 세상의 보편적인 법칙이 된다고 해도 나는 만족할 수 있을까? 다시 말해, 이 세상 사람들이 모두 그러한 원칙에 따라 행동하게 된다면, 그래서 그 행동을 당하는 사람이 내가 된다고 할지라도 나는 괜찮다고 느낄 수 있을까? 그리고 이 질문의 답이 'YES'일 때, 오직 그럴 때에만 그 원칙에 따른 행동을 하라는 것이 곧 내 마음에서 울려 퍼지는 나의 의무, '정언명령kategorischer Imperativ'이다.

나는 지금 곤란한 상황을 모면하기 위해 거짓말을 하려고 한다. 상대방에게 조금 미안하긴 하지만 내 코가 석 잔데 이런 때 거짓말 좀 하는 건 괜찮겠지 하고 생각하며 상대를 속일 셈이다. 어차피 다들 쉽게 거짓말을 하잖아. 하지만 여기서 내가 정언명령에 따른다면, 이렇게 남을 속이려는 행동의 근거가 된 원칙— 내가 곤란한 상황일 때에는 상대방을 속여도 된다— 이 이 세상의 보편적인 법칙이 됐을 때 과연 어떠할지 상상해보아야 한다. 모든 사람이 다 자신이 편하고자 남을 속이는 세상이 된다면, 그래서 나와 마주하고 있는 상대방도 그가 곤란한 상황에선 아무렇지도 않게 나를 속인다면? 나는 결코 이러한 상황이 괜찮다고 말할 수 없다. 이미 그런 일에 한번 데인 후 아닌가. 나의 답은 분명히 'NO'다. 결국 나는 정언명령에 따라, 아무리 내 상황이 곤란하더라도 상대방에게 거짓말을 하지 말아야 한다.

정언명령에 의거하여 우리 모두 도덕군자가 되자는 말을 하려고 칸트 선생님을 모신 것은 아니다. 다만 이러한 정언명령이 불손한 세상을 살아가며 혼란을 느끼는 우리에게 테라피가 되어주기 때문에 이 상담의 자리를 마련했다. 칸트의 윤리학에 들어 있는 이 정언명령이라는 사상에는 이성적 존재로서의 모든 인간은 항상 목적으로서만 존재한다는 생각을 반영하고 있다. 지극히 칸트다운 이 생각, 그래서 개인적으로는 마음에 드는 이 도덕 원칙에 따르면 사람은 결코 다른 것을 위한 수단으로 존재할 수 없다. 이제 칸트 선생님의 처방이 내려진다. 이 세상에서 사람들과 부대끼며 살아갈 때 가장 중요한 것은 마음에서 우러나오는 모든 사람 즉 인류를 향한 존중이다.

미쳐 돌아가는 세상이라는 생각이 꽤 많이 드는 게 사실이다. 하지만 그 안에서 나의 중심이 흔들리지 않도록, 자문자답을 통한 정언명령이 나의 신념을 잡아준다. 자신이 원하는 바를 위해서라면 무슨 말이든 던지고 보면 된다고 생각하는 이들에게 'NO'라고 말할 수 있는 단호함을, 자신의 이익을 위해서라면 다른 사람을 이용해도 괜찮다고 생각하는 이들에게 'NO'라고 말할 수 있는 힘을 준다.

종종 사회 속에서 마주한 무례함과 비상식에 치를 떨고, 이때까지 당신이 옳다고 믿어왔던 가치관을 회의적으로 바라보게 된다면, 정언명령을 생각하라. 이 세상의 모든 이가 거짓말을 하는 세상이 오더라도 괜찮은지, 이 세상의 모든 이가 서로를 목적이 아닌 수단으로 이용하는 세상이어도 괜찮은지 생각하라. 그렇다면 설령 옳지 못한 행동을 하는 사람을 겪었다고 할지라도 나 자신마저 그러한 행동을 하는 것은 진심으로 거부할 수 있다. 세상에 나쁜 사람도 많지만, 그래도 여전히 좋은 사람도 있다. 그러한 사람들을 만났을 때 정말 진심을 다하여 그들을 대할 수 있도록 우리 자신의 도덕을 떨어트리지 않기를.

나에 대한 뒷담화가
신경 쓰인다면

●

언어철학Philosophy of Language 언어는 인간 삶에서 중요한 위치를 차지한다.
모든 인간은 언어를 사용하고 또 인간만이 언어를 사용한다. 그래서 20세기 초,
언어에 관한 철학적 입장을 명확히 하고 나서야 다른 철학적 문제를 해결할 수
있다고 믿는 (언어)분석철학이라는 사조가 등장했다. 대표적으로 프레게, 러셀,
비트겐슈타인 등의 철학자들이 포함되어 있다. 이들의 목표는 우리가 사용하는
언어의 명확한 의미를 밝히는 것이었기에 언어철학에서의 주된 물음은 언어의
의미에 관한 것이다.

바로잡아야 할 일들을 자꾸자꾸 입 밖으로 꺼내어 말하는 것은 좋은 일이다. "나의 침묵은 나를 지켜주지 않는다"라는 오드리 로드Audre Lorde의 유명한 말도 있지 않은가. 숨기면 숨길수록 오히려 더 커지는 것이 문제이며, 그럴수록 나는 약자라는 위치에서 빼도 박도 못하게 된다. 역설적으로 느껴지지만, 내가 겪은 일을 공개적으로 알리고 여기저기 이야기하고 다니는 것이 대다수의 경우 오히려 문제를 해결할 수 있는 실마리가 되어준다. 또한 피해를 받은 채 아무것도 하지 못하는 수동적인 위치에서 당당히 문제의 해결을 요구할 수 있는 능동적인 위치로 옮겨갈 수 있는 기회가 되기도 하고 말이다.

하지만 일대일로 가해자와 마주하는 게 아닌, 그가 남긴 흔적을 마주하는 경우에는 오히려 이렇게 대놓고 문제에 소리 높여 이야기하기가 마땅치 않다. 누군가 나에 관해 거짓 험담을 늘어놓는 경우가 바로 이 경우이다. 원래 소문의 당사자는 그 소문에 대해서 모르는 법. 처음에는 전혀 알지도 못하고 있다가 나중에야 지인 또는 동료 중 누군가가 내 험담을 하고 다니더라는 소식을 전해 듣는다. 그것도 사실무근의 험담을. 그런 험담을 하고 다니는 이유야 내가 알 바 아니다. 세상에는 이해할 수 없는 이유로 이상한 짓을 하는 사람이 많으니까. 하지만 이런 말도 안 되는 거짓말을 누군가 사실이라고 생각할까 봐 조금은 마음이 불편하다. 그렇다고 나서서 해명을 하는 것도 내키지 않는다. 그야말로 '뒷담화'가 아닌가. 대놓고 내 앞에서 나를 욕했더라면 차라리 나도 당당하게 갑론을박 따질 수 있었을 텐데, 몰래 하는 험담을 굳이 들쑤셔가며 "그거 거짓말이에요"라고 말하려니 영 이상한 것이다. 시간이 지나면 차차 다들 뭐가 진실인지 알게 될 거라며 스스로를 다독여보지만 사실은 전국 방송으로 해명이라도 하고 싶은 마음에 좀이 쑤신다.

나를 아니꼽게 생각하는 사람이 거짓 험담을 퍼트릴 때에도, 그 험담을 내가 들을 때에도, 어느 쪽이건 '말'이 사용된다. 즉 '언어'가 필요하다. 언어는 너무나 친숙한 존재지만 그와 동시에 굉장한 미지의 대상이다. 우리는 매일같이 언어를 사용하며 살고 있지만, 그렇게 친숙하기 때문에 오히려 그 언어가 어떠한 메커니즘을 거쳐 의미를 갖게 되고 또 우리가 언어를 통해 소통이라는 걸 할 수 있는 건지 좀처럼 생각해볼 기회가 없다. 그렇다면 여기서 등장해줘야 하지 않겠는가. 아무도 고민하지 않는 문제를 꼭 고민해보고야 마는 사람들. 그렇다. 바로 철학자들이다.

．（　．

19세기와 20세기에 걸쳐 비트겐슈타인을 필두로 언어분석철학 사조가 등장했다. 이들은 언어가 인간 삶에서 갖는 특수하고도 밀접한 위치를 주창하면서, 이를 고려한다면 무엇보다 언어에 관한 철학적 입장을 명확히 한 후에야 비로소 철학의 나머지 문제도 해결할 수 있다고 주장했다. 실제로 인간 탐구의 모든 것은 언어를 매개로 해서 이루어진다고 해도 과언이 아니다. 누군가와 말로 토론을 할 때 사용하는 것도 언어요, 내 주장을 명확히 하기 위해 글을 쓰는 것도 언어다. 차라리 언어를 거치지 않고 내가 생각하는 바를 바로 상대방에게 전달할 수 있다면 각종 오해가 사라질지 모른다. 그러나 우리에게 그러한 능력이 없는 한 우리는 무언가를 이야기하기 위해 반드시 언어를 필요로 한다. 그래서 비트겐슈타인은 모든 문제를 이야기하는 데 사용되는 언어의 의미를 먼저 정확

하게 정리하고 넘어가지 않는다면, 언어를 사용해서 논하게 되는 다른 문제들에서도 제대로 된 논의가 가능하지 않을 것이라고 생각했다. 서로가 사용하는 말의 의미를 오해한 상태로 토론을 해봤자 제대로 된 합의점이 도출될 리가 만무하니 말이다.

이러한 까닭에 언어철학에서 중심적으로 논의되는 주제는 주로 언어의 의미와 관련된 것들이다. 언어가 무엇인가를 의미한다는 것은 과연 무엇이며, 언어가 의미를 갖는 일이 대체 어떻게 가능한지. 누구나 언어를 사용하고 있는 만큼 이러한 질문에 답을 내놓고 싶어 하는 사람도 많았다. 그래서 실로 가지각색의 이론이 다수 등장하게 되었다. 언뜻 보면 비슷해 보이는 이론들일지라도 언어의 의미에 각각 다른 관점을 취하며 따라서 가정하고 있는 전제도 다르다. 그래서 하나의 언어철학 이론을 살펴볼 때에는 그 이론이 어떠한 관점 위에서, 어떠한 전제 위에 쌓아지고 있는지를 염두에 두는 것이 중요하다.

그러한 관점 중의 하나가, 문장의 의미는 곧 그 문장의 진리조건 truth condition이라고 보는 관점이다. 문장의 진리조건이란 그 문장을 참으로 만드는 조건으로, 간단히 말해 그 문장이 어떤 때에 참이 되느냐 하는 것이다. 예를 들어 "지금 신종 코로나 바이러스가 유행하고 있다"라는 문장을 생각해보자. 이 문장은 실제로 이 세계에서 신종 코로나 바이러스가 유행하고 있을 때 참이 되므로 바로 그러한 상황이 이 문장의 진리조건이고, 이것이 곧 문장의 의미가 된다. 만약 실제 세계에서 문장이 의미하는 대로 신종 코로나 바이러스가 유행하고 있다면 이 문장은 참이 될 것이고, 그렇지 않다면 거짓이 될 것이다. 따라서 이 같은 관점에서는 언어와 실제 세계 사이의 대응이 매우 중요해진다. 문장의 의미를 찾고, 그것이 참인지 거짓인지를 판단하기 위해서는 문장이 말하는 바가 세계 내에서 벌어지고 있는지를 알아야 할 테니 말이다.

참고로 2020년 2월인 현재 위 문장은 안타깝게도 참이다. 신종 코로나 바이러스 때문에 연기되는 일정도 많으며, 뉴스에서는 시시각각 관련 소식이 쏟아진다. 처음에는 확진자의 수가 한 자리 수에 머물렀는데 지금은 벌써 스물세 번째 확진자까지 나왔다. 공교롭게도 스물세 번째 확진자는 내가 사는 지역에서 발생했다. 그래서 한동안 주변 사람들과 "스물세 번째 확진자가 서대문구에서 나왔대"라며 걱정 어린 대화를 나누었다. 그런데 이때 "스물세 번째 확진자가 서대문구에서 나왔다"라는 문장의 의미를 알기 위해서는 우선 그러한 문장을 구성하는 부분인 '스물세 번째 확진자'가 무엇을 가리키는지가 궁금해진다. 철학에서 이러한 궁금증은 곧 단어의 지칭reference에 관한 물음으로 이어진다.

'스물세 번째 확진자'라는 건 스물세 번째로 코로나 바이러스에 걸린 환자에게 우리가 편의상 붙인 고유명사, 즉 이름이다. 뉴스에서도, 신문에서도 그리고 내가 나눈 일상의 대화에서도 이 이름을 사용해서 실제 환자가 어디를 다녔으며 어떤 증세를 보였는지 이야기한다. 언어의 다양한 요소 중에서도 이러한 이름이야말로 언어가 세계 안의 무언가를 직접적으로 지칭하는 케이스가 아닐까 하고 언어철학자들은 생각했다. 그래서 이름이 대상을 어떻게 지칭할 수 있는지에 관한 논의가 활발하게 이루어졌다. 그로부터 나온 이론 중의 하나가 서술이론이다. 서술이론에도 여러 가지 버전이 있지만, 그중 가장 고전적인 버전의 서술이론을 살펴보기로 하자.

고전적인 서술이론은 이름의 의미가 이름이 지칭하는 대상과 이름 자체의 센스sense로 구성된다고 주장한다. 센스란 우리가 특정 단어를 들을 때 머리 속에 떠오르는 이미지라고 이해하면 쉽다. 서술이론에 따르면 이 센스가 이름이 지칭하는 대상을 결정하는데, 센스는 다시 이름에 연결된 서술구description로 표현될 수 있다. 그렇다면 '스물세 번째 확진자'라는 이름의 센스는 "서대문구보건소에서 신종 코로나 바이러스 확진 판정을 받은 중국인 관광객"이라는 서술구로 설명될 수 있을 것이고, 이를 통해 '스물세 번째 확진자'라는 이름은 실제 환자를 가리킬 것이다.

하지만 이런 방식에는 결코 간과할 수 없는 큰 문제가 있다. 하나의 이름에 다양한 서술구가 연결될 수 있다는 것이다. '스물세 번째 확진자'라는 이름에 방금 말한 서술구 대신 "창천동의 게스트하우스에 머물다가 잠시 롯데백화점 본점에 들른 신종 코로나 바이러스 감염자"라는 서술구가 붙을 수도 있는 것 아니겠는가? 그렇다면 둘 중 어느 것이 더 중요한 서술구인지 어떻게 결정할 수 있을까? 더구나 사람들이 스물세 번째 확진자에 관해 접하게 된 정보가 일률적인 것도 아니다. 아무리 관련 기사를 읽은 사람일지라도 감염자가 어디 있는 게스트하우스에서 묵었는지, 어떤 백화점을 구경했는지는 전혀 모를 수도 있다. 이렇게 각자에게 특정 이름의 센스를 설명해주는 서술구가 전부 다르다면, 그 센스를 포함하는 이름의 의미 또한 하나로 정해지지 않을지도 모른다. 무엇보다 서술구를 연결시킨다는 것은 그 이름의 대상에 대해서 특정한 정보를 알고 있어야 함을 뜻한다. 하지만 우리는 일상적으로 이름이 가리키는 대상에 관해 아무것도 알지 못하는 상황에서도 해당 이름을 사용해 멀쩡히 소통하곤 한다. 우리의 실제적인 언어 사용을 제대로 설명해내지 못하는 것이다.

이러한 문제 때문에 우리는 서술이론을 버리고 인과이론으로 넘어온다. 인과이론은 서술구 대신 인과적 연결고리causal chain라는 개념을 사용해 이름의 의미를 설명하는 이론이다. 서대문구보건소에서 국내 스물세 번째로 양성 반응이 나왔을 때, 그곳에 있던 관계자들은 해당 환자를 두고 "스물세 번째 확진자입니다"라고 명명했을 것이다. 이때 여기 모여 있던 사람들과 해당 환자 사이에 인과적인 연결고리가 형성된다고 인과이론은 설명한다. 이 연결고리를 매개로 하여 당시 현장에 있던 사람들은 '스물세 번째 확진자'라는 이름을 사용해 실제 환자를 지칭할 수 있게 된다. 이렇게 1차적으로 지칭 능력을 얻은 사람들이 대화를 통해, 기사를 통해, 텔레비전 뉴스를 통해 다른 사람들에게도 '스물세 번째 확진자'라는 이름을 퍼트린다. 이 이름을 전해 들은 우리는 덕분에 이들이 연결되어 있는 인과적 연결고리에 함께 연결될 수 있다. 그래서 '스물세 번째 확진자'가 가리키는 대상이 무엇인지 확실하게 알지는 못해도 그 이름을 사용해 해당 환자를 지칭할 수 있게 되는 것이다.

인과이론은 서술이론과 달리, 의미를 파악하기 위해 서술구를 필요로 하지 않기 때문에 사람들 간의 인식이나 믿음의 차이로 인해 의미가 애매해지는 문제를 일으키지 않는다. 또한 이름이 지칭하는 대상을 제대로 알고 있지 못한 상태에서도—올바른 서술구를 연결시키지 못하더라도— 그 이름을 사용해 특정한 인물을 지칭하곤 하는 우리의 실제적 언어 습관을 잘 설명할 수 있다. 물론 더 자세하게 파고들어 가다 보면 인과이론에도 그 나름의 문제가 있지만, 그래도 서술이론보다 훨씬 믿음직스러운 의미이론이 될 수 있다는 건 변함없는 사실이다.

. (.

그러니 이제 우리가 이름의 의미를 파악할 때 기댈 이론은 인과이론이다. 또한 문장의 의미는 그 문장의 진리조건이라는 관점을 취할 것이다. 뉴스에서는 확진자들의 동선에 관해 허위 사실을 유포하지 말 것을 누누이 당부하고 있다. 워낙 사람들이 확진자가 거쳐 간 장소를 꺼리는 상황이다 보니 잘못된 정보를 제공하게 되면 피해를 입는 사람이나 가게가 발생하는 탓이다. 그런데 애석하게도 누군가가 뉴스를 언뜻 보고 백화점 이름을 잘못 기억하는 바람에 "스물세 번째 확진자는 현대백화점 본점에 들른 환자"라고 철석같이 믿어버리게 되었다고 상상해보자. 그리고 주변 사람들에게 "현대백화점 본점은 스물세 번째 확진자가 다녀갔으니 위험해"라고 말해버렸다고 가정해보자.

우리는 이름의 의미에 있어서 인과이론을 고수하고 있으니 문장 속 '스물세 번째 확진자'라는 이름은 해당 환자가 양성 판정을 받았던 순간 주변에 있던 사람들 사이에 생성된 인과적 연결고리를 통해 실제 환자를 지칭한다고 설명할 수 있다. 그리고 그 이름을 전해 들은 위의 인물도 '스물세 번째 확진자'라는 이름을 사용해 해당 환자를 지칭한다. 위 문장의 진리조건은 '스물세 번째 확진자'가 가리키는 인물이 실제로 현대백화점 본점에 들렀고, 그래서 그곳에 바이러스 감염 위험이 있을 상황이다. 그리고 이것이 곧 이 문장의 의미가 된다.

그러나 실제 세계에서 스물세 번째 확진자는 현대백화점이 아니라 롯데백화점에 들렀다. 그래서 백화점에선 방역을 위해 유례없는 휴업까지 불사했던 참이다. 따라서 문장의 의미와 실제 사실이 일치하지 않는다. 결론적으로 이 문장은 거짓이 된다. 착각을 하고 말한 사람이 아무리 "스물세 번째 확진자는 현대백화점에 들른 환자"라고 이름에 잘못된 서술구를 연결시키고 있어도 '스물세 번째 확진자'라는 이름은 이러한 믿음과는 전혀 상관없이 인과적 연결고리를 통해 실제 환자를 찾아가 그 환자를 가리킨다. 우리는 서술이론을 진작 포기했기 때문이다. 서술이론은 우리의 언어 사용을 제대로 설명해내지 못한다. 그래서 인과이론을 사용하기로 하지 않았던가. 인과적인 관계에 따라 자신이 지칭해야 할 대상을 찾아간 이름은 이제 의미를 갖는다. 그리고 그 의미를 부분으로 삼아 문장 전체의 의미가 파악된다. 실제 환자는 현대백화점에 방문하지 않았고, 따라서 현대백화점에서는 바이러스 감염 위험이 없다. 실제 사실과 다르다는 지극히 심플한 이유지만 아주 논리적인 방법을 통해 이 문장은 여지없는 거짓이라는 결론이 나온다.

내뱉는 말은 아무리 개인의 의지에 달렸다 할지라도, 문장의 참거짓은 의지에 달린 문제가 아니다. 나에게 해를 가한 사람이 오히려 나를 두고 모함을 해도, 나에 관한 아무런 근거 없는 험담이 퍼져도 너무 동요할 필요는 없다. 나의 이름을 사용해 나에 관해 안 좋은 말을 한다고 할지라도 실제로 내가 하지 않은 일은 언제나 거짓으로 판명될 테니까 말이다. 그 사람이 아무리 내 이름에 거짓 서술구를 붙여 꾸민다 한들 서술구는 인과이론 안에서 힘을 발휘하지 못한다. 그 이름이 가리키는 건 인과적으로 연결되어 있는 나라는 대상이다. 그 이름이 들어 있는 문장이 의미하는 바와 세계 안에서 내가 실제로 한 일이 일치하지 않는 한 그 문장은 거짓일 수밖에 없다.

그러니 내 이름을 사용해 거짓 문장을 만들어 아무리 많은 사람들에게 말했건 신경 쓰지 않아도 괜찮다. 어차피 거짓인 문장을 주장하는 것은 논리적인 필패로 이어지기 마련이니. 진실은 인과관계를 타고, 진리조건을 타고 꼭 나를 찾아온다.

Chapter 4.

"어떻게 하면
더 잘 살 수 있을까요?"

실질적으로
선택에 도움을 주는
철학 기술

내 통장, 티끌 모아
태산이 될 수 있을까

●

모호함 우리는 흔히 애매모호하다는 표현을 사용하곤 한다. 이 중에서 애매하다 ambiguous는 것은 둘 중에 어느 쪽인지 구분하기 어려운 것을 뜻하고, 모호하다 vague는 것은 무언가를 적용할 기준이 분명치 않은 것을 뜻한다. 중의적인 문장의 의미는 애매하고, 머리가 얼마나 벗겨져야 대머리라고 부를 수 있는지는 모호하다. 모호함의 논의로 유명한 철학자 티모시 윌리엄슨Timothy Williamson은 이렇게 모호한 경우 우리는 답을 알 수 없다고 말한다.

가족들과 같이 산 지 꼬박 25년을 넘기고 나자 이제 그만 같이 살아도 되겠다는 생각이 스멀스멀 든다. 물론 가족들과 함께 있어서 좋은 점도 또 즐거운 순간도 많다. 하지만 머리가 커가며 점차 생활 방식에 있어서 내 주관이 생기기 시작하니 가족들과의 트러블이 늘어난다. 옛날엔 엄마가 해주는 거 먹고, 아빠가 개주는 대로 빨래를 집어넣으면 됐는데, 이제는 나만의 레시피가 있고 나만의 빨래 개는 법이 있다. 집 안에서 사소한 문제들이 발생해 다툼이 잦아지다 보면 다른 이들의 방해를 받지 않고 오롯이 나의 방식대로 운영할 수 있는 독립된 공간을 갖고 싶다는 생각이 강해진다. 어쨌거나 여기는 '엄마 아빠의 집'이니까 나가려면 내가 나가야 한다. 그런 이유였다. 틈만 나면 오피스텔 물건을 찾아보게 된 것은.

나는 서울 집값이 그렇게 비싼 줄 그때 처음 깨달았다. 애초에 전세는 생각도 해보지 않았지만 월세도 도저히 만만히 볼 수준이 아니었다. 보증금도 보증금이지만(그런 목돈이 어디 있어?) 매달 내야 하는 월세부터 내 수입에는 부담스러운 것이었다. 부담스럽지 않은 가격의 집은 결코 살고 싶지 않은 상태였고, 살 만하다 싶어 보이는 집은 굳이 이 돈을 내고 살아야 하나 싶은 가격이었다. 결국 독립을 향한 열망은 그저 열망으로만 남겨둔 채 실행으로 옮기지 않았다. 돈 벌어 전부 월세로 내려고 독립을 할 수는 없지 않은가. 그래서 깔끔히 가족들이 있는 집에 남아 있기로 마음을 정했다. 서른이 다 되도록 열심히 먹여주고 재워주는 엄마 아빠에게 고마운 마음도 약간 커진 채로. 인간에게 중요한 3요소 '의식주'에 왜 '주' 가 속해 있는지 인생 처음으로 실감한 순간이었다.

· ☾ ·

내 통장이 '텅장'만 아니었더라도 『천방지축 수민이의 독립일기』 가 시작됐을 텐데. 일단은 이 일기의 시작은 무기한 연기다. 만약 내가 열심히 저축을 해왔더라면 독립에 성공할 수 있었을까? 어차 피 티끌 모아 티끌 아니냐는 신념(?)으로 나는 지금 굳이 따지자면 '욜로YOLO'에 가까운 생활 패턴을 유지하고 있다. 한 편의 글을 쓰고 받은 고료—세금 떼고 72,960원—를 저축통장에 집어넣기보다는 새벽배송으로 먹고 싶은 것을 시키고 남는 돈으로 맨투맨이나 한 장 사는, 그런 소비 패턴을 지니고 있으니 말이다.

내 소비 습관이 처음부터 이랬던 것은 아니었다. 오히려 그 시작은 내가 생각해도 바람직하기 짝이 없었다. 나는 고등학교 때 난생처음으로 적금을 들었는데, 바른 소비 습관의 첫 단추가 되었을지도 모를 이 경험은 아이로니컬하게도 내게 저축을 장려하기보다는 탕진의 삶을 지향하게 했다.

고등학교 1학년. 적금을 들고 있다는 친구의 이야기를 듣고 고무된 나는 그날로 바로 은행에 가서 4년 만기의 적금을 신청하고 한 달에 4만 원씩 꼬박꼬박 입금하기로 했다. 그리고 적은 돈이지만 매달 착실하게 저축했다. 고등학교 1학년이었던 나는 곧 대학교 1학년이 되었고, 드디어 만기가 된 적금을 찾을 날이 도래했다. 그간의 용돈이 쌓여 200만 원이 된 돈을 인출했을 때는 내가 엄청 부자가 된 기분도 들었다. 내게 '큰돈'이 있다는 여유로운 마음과 처음으로 적금 만기를 달성했다는 성취감은 내게 직접 모은 돈을 가지고 직접 소비를 해보자는 마음을 불러일으켰다. 평소 같으면 내게 필요한 걸 전부 엄마 아빠가 사주도록 내버려두었겠지만, 이번엔 내가 직접 사회 속 경제에 참여해보고 싶은 마음이 든 것이다.

그동안 필요하다고 느꼈지만 선뜻 구입하기 어려웠던 물건들을 추렸다. 이것들을 사고 남는 돈은 다시 저축할 생각이었다. 그런데 '남는 돈'이 있을 것이라고 가정했던 것부터가 순진한 생각이었다. 이 세상의 물가라는 것은 생각보다 높은 것이어서, 물건 몇 개를 사고 나니 200만 원이라는—내가 부자가 된 것처럼 느끼게 해주었던 액수의— 돈은 순식간에 바닥을 보였다. 그때 깨달았다. 200만 원은 그다지 큰돈이 아니라는 것을. 그리고 생각했다. 티끌을 모아봤자 티끌이구나.

이 경험은 결국 내게 다시 적금을 들게 하는 동기부여가 되어주지 못했다. 애석하게도 적금에 전혀 흥미를 잃게 되는 결과를 가져왔을 뿐이다. 애초에 큰돈을 벌지 않는 이상 티끌을 모아봤자 어차피 티끌일 텐데. 티끌을 모아뒀다가 한 번에 쓰니 차라리 필요할 때마다 쓰고 말겠다는 마음이었다. 더구나 나는 내가 벌어서 먹여 살려야 할 가족도 없지 않은가. 그냥 내가 벌어서 나만 건사하면 되는 것이다. 그래서 미래를 위한 저축보다는 현재를 위한 소비에 좀 더 집중하게 되었다.

'욜로하다간 골로 간다'는 말이 있을 만큼 무저축의 삶은 우려를 많이 받지만, 티끌을 모아봤자 티끌이라는 입장에 힘을 실어주는 아주 흥미로운 예시가 있다. 아니, 역설이라고 해야 하나.

한번 통장에 0이 6개 찍히는 걸 보고 나니 0이 7개로 늘어나기 전까지는 돈이 쌓였다는 감흥조차 들지 않았다. 더구나 벌이가 늘어나면 그만큼 씀씀이도 늘어나는 법. 예전에는 200만 원에도 마음이 여유로웠는데, 이제는 900만 원을 봐도 '곧 사라질 액수'라는 생각이 들고, 일이천이 들어와도 그냥 '돈 좀 들어왔나 보다' 하는 정도에 머문다. 그러나 일이천만 원은 그리 큰돈처럼 느껴지지 않는다고 해도, '억' 단위로 넘어가면 이건 틀림없이 큰돈이라는 생각이 든다. 아마 내 통장에 1억이 들어온다면 분명 통장을 바라보는 것만으로도 흐뭇할 것이다. 그렇다. 1억. 이 정도면 '큰돈'이 될 수 있는 기준인 것 같다.

그렇다면 내 통장에 1억이 들어 있다고 가정해보자. 분명 나는 더 이상 '텅장'이 아니라며, 큰돈이 생겼다며 이 돈으로 무엇을 할지 열심히 상상의 나래를 펼칠 것이다. 그런데 이때 통장에서 1원이 인출된다. 1억에서 99,999,999원으로 바뀌긴 했지만 여전히 이게 큰돈임에는 변함이 없을 것이다. 겨우 1원 차이가 난다고 해서 갑자기 큰돈이 작은 돈으로 바뀌진 않는 게 당연한 것 아닌가! 여기서 또 한 번 1원이 인출된다고 해도 마찬가지다. 내 통장은 여전히 든든할 테고 독립의 꿈은 다시금 되살아날 것이다.

이와 같이 1원씩 빠지는 일이 계속해서 반복되어 통장잔고가 99,990,000원까지 내려갔다 한들 나는 여전히 이 돈을 큰돈이라고 생각할 것이다. 1억이나 9,999만 원이나 크게 다르지 않다. 겨우 만 원 한 장 차이일 뿐이다. 즉 1억이라는 액수에서 1원씩 감해나가 9,999만 원에 다다른다 해도 그건 여전히 '큰돈'일 것이 분명하다. 큰돈에서 1원을 빼도 큰돈. 뭐 당연하다. 겨우 1원 차이니까.

이 논리를 그대로 가져가 조금 더 반복해보자. 계속해서 1원씩 통장잔고를 줄이는 것이다. 1억에서 9,999만 원, 9,998만 원 그리고 9,997만 원으로. 나는 여전히 이 액수를 큰돈이라고 느끼겠지만 이와 같은 일이 끊임없이 반복되다 보면 통장잔고는 계속해서 조금씩 줄어들게 되고, 어느 순간에는 잔고가 200만 원이 되는 시점도 찾아올 것이다. 하지만 200만 원은 더 이상 내가 생각하기에 큰돈이 아니다. 대학원을 열댓 곳 지원하는 것만으로도 눈 깜짝할 새에 사라지는 그런 덧없는 액수일 뿐. 하지만 이건 아까랑 똑같이 '큰돈에서 1원만 뺀' 결과 아닌가? 방금까지 큰돈에서 1원을 빼도 여전히 큰돈이라고 생각하지 않았던가? 그런데 지금 와선 더 이상 큰돈이 아니라고 생각하다니. 이건 역설적이다.

그러면 과연 어느 시점부터 내 통장잔고는 '큰돈'에서 '작은 돈'으로 바뀐 것일까? 5천만 원? 그렇다면 5천만 원까지는 큰돈이고, 거기서 1원이 빠져 49,999,999원이 되면 갑자기 작은 돈이 되는 것인가? 그렇게 말하기도 어렵다. 5천만 원이나 49,999,999원이나 다를 게 뭐가 있느냔 말이다.

이처럼 돈의 액수가 크고 작음을 판단할 기준은 모호하기 짝이 없다. 어느 시점부터 크다고 혹은 작다고 정의할 수 있을지 그 기준선을 명확하게 제시하기가 쉽지 않다. 1억이나 99,999,999원이나, 겨우 "1원 차이니까"라는 이유로 똑같이 큰돈이라고 계속 봐주다 보면 어느샌가 200만 원도 똑같이 큰돈으로 생각해야 한다는 결론에 다다른다. 200만 원이 뭔가, 2만 원, 2천 원에서도 똑같은 결론을 도출할 수 있다.

돈은 다다익선이니, 액수가 줄어드는 이야기 대신 액수가 늘어나는 이야기를 해보자. 200만 원의 적금이 만기된 이후 영 저축을 할 마음이 들지 않았던 내가 지금부터라도 착실히 저축을 해나가면 과연 큰돈을 손에 넣을 수 있을까? 당장 내 수중에 있는 3천만 원가량의 돈에 1원이 더해져 봐야 그것은 여전히 '그리 크지는 않은 돈'에 불과하다. 여기에 또 다시 1원이 더해져도 마찬가지다. 1원이 몇 번이고 더해져서 3,999만 원이 되었어도 상황은 비슷하다. 그러나 1원씩 계속 더해져 나의 통장잔고가 1억이 되어 자릿수가 바뀐다면? 나는 분명 부자가 되었다며 좋아할 텐데, 대체 내 마음을 바꾸게 한 그 기준점은 어디였던 걸까? 8자릿수에서 9자릿수 금액이 되면 그때부터 나는 큰돈을 갖고 있는 것일까? 하지만 99,999,999원과 1억 원의 차이는 겨우 1원일 뿐인데, 대체 무엇을 기준으로 한 쪽은 커다란 금액이고 한 쪽은 크지 않은 금액이라고 말할 수 있단 말인가?

이런 식으로 생각하다 보면 200만 원에서 시작해 차곡차곡 돈을 모아 1억 원이 되어도 그걸 '큰돈'이라고 부를 수 없다는 역설이 도출된다. 암만 티끌을 모아봤자 태산이 되지는 않는다는 슬픈 역설이 말이다. 이 같은 형식의 역설은 이미 고대 그리스에서 제시된 바 있어서, 아리스토텔레스와 동시대를 살았던 에우불리데스Eubulides라는 철학자는 모래를 한 줌씩 더해가도 영영 모래 더미를 만들지 못한다는 역설을 보였다.

이러한 역설은 현대 철학으로 들어와 '모호성'의 문제로 이어지며 여전히 활발하게 논의되고 있다. 누가 봐도 분명히 대머리인 경우가 있고, 누가 봐도 분명히 뚱뚱한 경우가 있다. 그러나 어느 정도 머리가 벗겨지고는 있지만 완전 대머리라고 하기엔 어려운 경우가 있고, 살집이 있긴 한데 이걸 뚱뚱하다고까지 할 수 있을지 망설여지는 경우도 있다. 모호성의 논의 분야에서 유명한 철학자인 티모시 윌리엄슨은 이렇게 모호한 경우 우리는 그 사람이 대머리인지, 뚱뚱한지 알 수 없다고 말한다. 대체 머리숱이 몇 개째부터가 되어야 대머리로 분류될 수 있는지, 몇 킬로그램부터 뚱뚱하다고 정의할 수 있는지, 정확한 분류를 가능하게 하는 기준을 알기에는 우리 능력이 부족하기 때문이다.

통장 잔액의 얼마부터가 '텅장'이 아닐지는 모호하기 짝이 없는 문제이고, 티모시 윌리엄슨의 주장을 따라 그 기준을 알 수 없으니 저축을 하지 않겠다고 결론을 짓는다면 내 통장은 아마 영원히 '텅장' 상태를 벗어나지 못할 것이다. 물론 탕진의 쾌감은 짜릿하다. 행복은 돈으로 살 수 없다는 말도 있지만, 체감상 나의 행복의 절대 다량은 돈으로 살 수 있다. 얼마 전에는 재고가 동이 나 발만 동동 구르던 에어팟 프로를 겨우겨우 손에 넣고 얼마나 만족스럽던지. 이어폰 한 쌍에 32만 9천 원을 들여야 했지만 후회라고는 0.1그

램도 들지 않았다. 오히려 일상이 배로 행복해졌다는 게 사실이다. 그런데 이렇게 행복을 돈으로 살 수 있으니 저축을 하지 않고 버는 대로 탕진하며 욜로의 삶을 살겠다는 것 자체가 이미 역설적일지도 모르겠다. 저축을 하면 더 큰돈을 더 마음껏 탕진할 수 있는데, 그러면 재미도 배가 되고 행복도 배가 되는 것 아닌가!

그러니 경제적인 관념이 어찌 되었건 일단 저축은 해두는 편이 현명하다. 나도 얼마 전 적금통장을 새로 개설했다. 이어폰 하나를 바꾸는 것만으로 삶의 질이 높아지는 행복을 만끽할 수 있는데, 집을 살 수 있는 돈을─정확히 말하면 집을 살 돈을 대출받을 수 있을 만큼의 목돈을─모아 집을 장만하게 되면 얼마나 행복하겠는가. 그러니 모호함 문제는 제쳐두고서라도 일단 내가 가질 행복을 위해 투자를 시작하자. 지금 당장 얻을 수 있는 행복을 사는데 일정량 그리고 미래에 얻게 될 행복을 위해서 일정량을 투자하는 것이다. 아직 내게 후자의 양은 여전히 티끌에 불과한 것 같지만 "티끌 모아 티끌"이 역설이라고 불릴 수 있다면, 조금씩이나마 모아나가기를 택하련다. 부디 저축의 결과는 역설적이지 않기를 바라면서!

나의 일이 나를 소외시킬 때

_마르크스의 노동

●

카를 마르크스 Karl Marx(1818-1883) 마르크스는 인간적 삶이 자본의 생산과 긴밀하게 연결되어 있는 만큼 인간은 자본주의와 떼려야 뗄 수 없는 관계라고 생각했다. 그러나 이 과정에서 인간의 본질이 자본주의 본질에 침식당하면 진정한 노동—자발적으로 행하여 자기실현과 즐거움을 얻을 수 있는 노동—이 불가능해진다고 보았다. 자본주의는 내가 하고 싶은 일이 아닌, 자본주의 본질에 따라 돈 되는 일에 최대한 효율적인 방법을 따라 하게 하기 때문이다. 결국 인간은 자본주의 아래서 불행해진다. 이러한 상태를 두고 마르크스는 '노동의 소외'라고 부른다.

중고등학교 때 나는 패션계에 굉장히 관심이 많았다. 패션 잡지 에디터가 되고 싶다는 마음도 있었기에 매달 『보그걸』 등의 패션 잡지를 사서 기사들을 꼼꼼히 읽곤 했다. 주기적으로 모델스닷컴에 들어가 유명 브랜드들이 이번 시즌에는 어떤 콘셉트의 디자인을 내놨는지 나름대로 모니터링을 해보고, 좋아하는 브랜드의 쇼는 한 컷 한 컷 넘겨보면서 마음에 드는 의상은 따로 스크랩해두기도 했다.

그러다 보니 모델계에도 관심이 간 것은 당연한 수순이었다. 길쭉하고 비현실적으로 마른 몸에 수백만 수천만 원씩 하는 디자이너 레이블 제품을 걸치고 도도하게 워킹하는 그들을 보다 보면 자연스레 모델이라는 직업을 동경하게 되기도 했다. 내 키가 180센티미터, 아니 170대 후반만 되었어도 어찌어찌 모델 에이전시의 문을 두드려볼 용기가 났을 것 같은데, 스무 살이 넘어 마지막으로

쟀던 키가 165.2센티미터였다는 것이 아마 모든 것을 말해주리라 생각한다.

내가 못하면 대리만족이라도 하고 싶은 법. 〈도전 슈퍼모델 America's Next Top Model〉이라든가 그것을 벤치마킹한 국내의 〈아이 엠 어 모델〉 같은 프로그램을 곧잘 봤다. 〈아이 엠 어 모델〉에서는 송경아나 장윤주처럼 입지를 다진 유명한 모델들이 나와 후보자들을 심사하고 또 조언도 해주었는데, 그중 아직도 인상 깊게 남아있는 에피소드가 하나 있다. 송경아가 후배들을 자기 집으로 초대해서 모델로서의 커리어에 관해 조언을 해주는 장면이었다. 그는 자신의 가장 큰 취미가 그림을 그리는 것이라고 말하며 집 안에 따로 마련된 자신의 작업실과 그 결과물인 작품들을 소개해주었다. 그가 그림 그리기를 언급한 이유는 후배들에게 모델 일과 병행해서 푹 빠질 수 있는 취미를 하나 꼭 가지라고 조언하고자 했기 때문이다. 송경아는 그림이라는 취미를 갖게 된 이후 모델 일을 하며 받는 부정적인 감정들을 이겨내고 계속해서 커리어를 이어나갈 힘을 얻게 되었다는 이야기를 털어났다.

그때는 그냥 그런가 보다 하고 지나갔다. 주변에서 일어나는 일을 알아차리지 못할 만큼 몰두할 수 있는 취미가 삶에 도움이 될 수 있다는 건 굳이 송경아의 조언이 아니더라도 충분히 공감할 수 있었으니까. 그런데 거의 10년이 지난 후 철학 수업에서 마르크스를 배우고 나자 곧바로 떠오른 것이 이 에피소드였다. 그리고 깨달았다. 송경아는 단순히 그림을 그리고 있었던 게 아니다. 그는 '노동'을 하고 있었던 것이다.

· ☾ ·

멋진 취미생활을 가리켜 노동이라니, 너무한 거 아니냐고 반문할 수도 있겠다. 하지만 이건 우리가 일상적으로 말하는 노동과는 다르다. 마르크스가 말하는 노동이다. 마르크스에게 관심이 없더라도 이 사람이 자본주의를 비판한 걸로 유명하다는 것은 아마 익히 알고 있을 것이다. 지금이야 자본주의가 우리 삶에 기본값처럼 설정되어 있어 마르크스의 분노(?)가 잘 와닿지 않지만, 마르크스가 살던 시대에 자본주의란 이전까지의 삶의 방식을 송두리째 바꿔버린 사회구조였다. 돈이 있어서 노동자를 고용해 무언가를 생산해내는 자본가와 가진 건 자신의 노동력밖에 없어서 이를 팔아 임금을 받는 노동자. 이처럼 상반되는 두 계급을 만들어냄으로써 자본주의는 인간에게 너무 큰 문제를 야기했다고 마르크스는 생각했다. 그 문제는 바로 인간을 '소외'시킨다는 것이었다.

모델을 동경하고 있던 중학생인 나도 모델이라는 직업이 얼마나 힘들지는 겪어보지 않아도 짐작할 수 있었다. 그리고 그 힘듦은 단순히 체력적인 문제가 아니라, 인간으로서 상처 받을 만한 일들을 너무 많이 겪기 때문에 힘들 것 같다는 점에서 조금 달랐다. 자신의 노력과 운이 잘 맞아떨어져서 각종 디자이너들로부터 러브콜을 받는 대세 모델이 된다면 다행이지만, 그렇지 않은 경우 모델들은 '을'일 수밖에 없다. 자신을 쇼에 세워달라고 여기저기 오디션을 보러 다녀야 하는데, 그 오디션을 보는 과정이 참 자존심 상한다. 브랜드 관계자들은 모델들을 옷걸이 그 이상도 그 이하도 아닌 취급을 하기 때문이다.

우리가 옷걸이라는 상품을 그 쓸모를 기준으로 삼아 비교하며 구입하듯, 브랜드 관계자들은 모델을 그야말로 상품이라고 생각한다. 얼마나 말랐는지, 얼마나 매력적인 얼굴을 가졌는지, 자신들의 옷을 돋보이게 해줄 옷걸이로서 상품가치가 얼마나 되는지를 기준으로 모델들을 평가한다. 그래서 아무렇지도 않게 모델들에게 살인적으로 마른 몸을 요구하고, 조금이라도 살이 찌면 이미 약속된 계약도 파기한다. 어디서든 휙휙 옷을 벗고 의상을 갈아입기를 기대하고, 몸이 아파도 모델의 사정을 봐주지 않는다. 그 자리를 대체할 다른 모델은 얼마든지 있기 때문이다.

이건 일대일의 인간적인 관계가 아니다. 그저 고르는 사람과 골라지는 상품의 관계일 뿐. 이처럼 관계에 인간다움이라는 기준을 적용하지 않고 오로지 자본주의 속 노동의 가치가 얼마나 되느냐만 가지고 사람을 평가할 때, 사람은 인간으로부터 소외를 경험한다고 마르크스는 말한다. 자본주의에서 이런 경험을 하지 않는 사람이 어디 있겠냐마는, 모델들이 그 가장 큰 희생양 중 하나라는 건 부인할 수 없을 것 같다.

이렇게 소외된 인간은 불행해진다. 같은 인간이 나를 인간으로 대우하지 않으니 불행하지 않다면 그게 더 이상하다. 이때 해결책이 되어줄 수 있는 게 바로 노동이다. 노동은 마르크스가 가장 중요하게 생각한 철학적 개념으로, 인간이 자연 그대로의 대상을 가지고 그것에 이런저런 변화를 가해 자신만의 새로운 결과물을 만들어내는 것을 말한다. 오히려 '생산적인 활동' 정도로 이해할 수 있겠다. 이 노동이 해결책으로 제시되는 건 노동이 인간으로 하여금 스스로 인간다움을 확인할 수 있는 수단이기 때문이다.

인간은 자연 그대로의 대상을 가지고 할 수 있는 일이 별로 없다. 들에서 나물을 캤다고 해도 그걸 손질하고 익혀야 음식으로 먹을 수 있고, 도구를 만들려고 해도 아무 돌이나 줍는다고 끝이 아니다. 국사 시험 단골 메뉴인 뗀석기와 같은 유물만 봐도 알 수 있다. '인간의 도구'라고 불리는 건 아무 돌이나 가능하지 않다. 자연의 돌을 인간의 필요에 맞게 힘을 들여 변형시킨 결과물만이 도구로 분류된다. 내 앞에 놓인 자연 그대로의 대상을 나의 힘—노동—을 들여 그것을 가공시키며 '나의 것'으로 만들어내는 것. 이건 인간만이 할 수 있는 일이며 따라서 인간의 본질이라고 할 수 있는 행위다. 노동의 과정에서 재료를 가공하고 변형시키니 그 결과물에도 내 인간다움이 묻어날 수밖에 없다. 그래서 노동은 그 행위 자체와 더불어 그 결과물로도 인간에게 스스로 인간다움을 확인시켜주는 수단이 된다.

이런 점에서 송경아가 그리는 그림은 아주 훌륭한 노동이다. 하얀 캔버스를 앞에 두고 가만히 앉아 있는다고 그림이 뚝딱 완성되는 것이 아니다. 내가 원하는 그림을 완성하기 위해선 물감을 섞고, 붓을 손질하고, 캔버스 위에 떠오르는 형상을 덧칠해나가며 내가 마주한 대상을 내 힘으로 변형하고 가공해나가야 한다. 더구나 그 결과물은 지극히 인간적인 '예술' 작품. 자신이 틀림없는 인간이라는 사실을, 이렇게나 훌륭하게 인간다움을 구현해내는 존재라는 것을 상기하기에 안성맞춤인 노동이다. 이렇게 생각하고 보니 이해가 되기 시작했다. 왜 송경아가 발견한 그림이라는 취미가 그의 커리어를 지탱할 힘을 주었는지. 모델로서 경험하는 소외를 그림이라는 노동을 통해 극복해낼 수 있었던 것이다.

☾

　요즘같이 클릭 한 번으로 모든 '완성품'을 다 얻을 수 있는 시대에 마르크스가 말하는 노동을 하기란 오히려 쉽지 않다. 하지만 갑질 논란은 해가 갈수록 심해지고, 사회는 소외를 경험하기 쉬워지는 방향으로만 나아가는 것처럼 보이는 것이 사실이다. 이런 상황에서 노동다운(?) 취미를 하나 갖는 것은 분명 큰 힘이 되어줄 것이 틀림없다. 아쉽게도 나는 그림에 별로 관심이 없어서 송경아처럼 그림을 통해 노동을 하진 못하겠다 생각했는데, 뜻하지 않게 좋은 대체물을 찾았다. 요리였다.

　학교를 다닐 때까지는 무조건 엄마가 만들어준 밥 아니면 사 먹는 밥뿐이었는데, 졸업을 기점으로 직접 무언가를 만들어 먹기 시작했다. 그전까진 칼질 한번 제대로 해본 적이 없어서 솔직히 음식이 어떤 과정을 거쳐 만들어지는지 잘 알지 못했다. 그냥 이미 완성된 음식을 열심히 분석하면서 먹기만 했다. 그런데 막상 음식을 만들어보니 아주 간단한 음식이라도 꽤 손이 간다는 걸 알게 됐다. 내가 먹을 수 있는 형태로 바꾸기 위해 끊임없이 날것의 재료를 가공하고 변형하는 요리는 그야말로 노동의 전형이었다. 볶음밥을 한 그릇 만들려 해도 일단 재료를 썰어야 한다. 차라리 그냥 썰기만 하면 나을지도 모른다. 재료들을 씻는 게 더 귀찮다. 흙 묻은 야채를 일일이 씻어 정리하고, 잘게 자르고, 이제 또 팬에 기름을 두르고 볶아서 익혀야 한다.

먹는 건 한순간인데 만드는 건 그야말로 진이 빠질 정도다. 하지만 신기하게도 그렇게 직접 만들고 나면, 이미 만들어진 음식을 받아서 먹기만 했을 때에는 느끼지 못하던 묘한 충족감이 드는 것이었다. 밥을 안 먹어도 배가 부르다는 말이 있지 않은가. 이 경우에는 1인분을 먹었는데 2인분의 만족감이 드는 기분이었다. 이런 기분을 몇 번 느끼고 나니 그 후에는 누가 만들어준 음식으로 끼니를 때우는 게 재미가 없어졌다. 재료들을 처음부터 가공해야 하는 수고로움에 가끔은 때를 넘기지 않고 어김없이 고파지는 배를 탓하고 싶어질 정도지만, 막상 먹어야 할 때가 다가오면 또다시 직접 칼을 들고야 만다.

정말로 노동의 순기능이 발휘된 것인지, 하루의 가장 힘든 시간을 맞이하기 전이면 나는 어김없이 주방으로 가고 싶어진다. 이건 마르크스의 노동이 아니라 진짜 육체적 노동이 아닌가 하는 생각을 하면서도, 날것의 재료를 가지고 열심히 씨름을 하며 나의 끼니를 만들어낸다. 그러고 나면 이제 접시를 비우고 비로소 '자본주의 노동'을 마주할 힘이 나는 것이다.

그러니 꼭 추천하고 싶다. 자본주의에서 노동을 끝낸 후 팍팍해진 마음을 풀 취미를 찾는 중이라면, 자신이 즐길 수 있는 노동을 하나 골라보는 건 어떻겠냐고. 요리나 그림이 아니어도 좋다. 내 힘으로 주어진 대상을 가공하고 '나의 것'으로 만들어내는 활동이라면 뭐든지 노동이 될 수 있으니까. 그리고 좋은 노동을 발견한다면 꼭 공유해주기를 부탁하고 싶다. 요리가 너무 힘들어서 이제 조금 다른 노동을 찾아보려는 나에게….

몸을 잘 써야
머리도 잘 쓸 수 있다

_스피노자의 신체와 정신

●

바뤼흐 스피노자 Baruch Spinoza(1632-1677) 스피노자는 이래저래 그가 살던 시대에서는 튀는 인물이었다. 이 세상 만물은 신이 그 양태를 달리하고 있는 것이라는 그의 주장은—스피노자의 의도와는 다르게— 신을 부정하는 것으로 받아들여졌다. 그 때문에 스피노자는 그가 속해 있던 유대교 공동체에서 신성모독을 이유로 추방당하게 되었다. 그의 남다른 관점은 신체와 정신을 이해하는 방식에서도 찾아볼 수 있다. 스피노자는 명령하는 정신과 그에 복종하는 신체라는 당대의 상식을 훌쩍 벗어나, 신체 능력에 따라 정신 능력이 결정된다고 생각했다.

적어도 일주일에 세 번은 운동을 하러 간다. 요즘 빠져 있는 것은 발레. 제대로 배워보겠다며 개인 레슨도 받아보고, 기합을 넣는 겸 발레 전용 인스타 계정까지 만들어가며 열성적으로 배운 지도 이제 3년을 향해 달려간다. 아침에 일어나서 비몽사몽인 뇌에 카페인을 집어넣고, 후딱 씻은 뒤 발레 학원으로 향한다. 수업 시간은 한 시간 반. 옷을 갈아입고, 집과 학원을 오고 가는 시간까지 합하면 발레를 한 번 갔다 오는 데 대충 세 시간은 걸리는 것 같다. 오전 중에 나가도 끝나고 돌아오면 점심때가 조금 지나 있다.

군이 학원을 가지 않고 홀쩍 나가 산책로에서 조깅을 하거나, 집 밖에조차 나가지 않은 채 방 안에서 홈트레이닝을 하기도 한다. 그런데 이런 경우에도 운동을 한 차례 끝내는 데 의외로 시간이 꽤 많이 든다. 가벼운 스트레칭으로 몸을 풀어주고, 본격적으로 몸에 열이 오를 때까지 운동을 한다. 끝난 후에 다시 스트레칭을 해주는 것도 빼먹을 수 없다. 땀이 났다면 또 씻어야 한다. 아무리 빨리 끝내도 매번 족히 한두 시간은 잡아먹는 루틴이다.

이런 연유로 마감을 기다리는 글이 줄을 지었거나 읽어야 할 자료가 산더미 같을 때는 운동이고 뭐고 지금 그럴 시간이 어디 있냐는 생각이 든다. 운동을 할 시간에 할 일을 하나라도 더 끝내는 게 맞지 하고 말이다. 시간으로만 계산해보면 분명 이렇게 바쁠 때 운동을 하러 나가는 건 손해다. 두 시간 운동에 투자하는 대신, 그 두 시간 동안 글쓰기에 집중해서 재빠르게 마감을 하고 일찍 자는 것이 몸에도 더 좋을 것 같다.

그럼에도 불구하고 나는 아무리 할 일이 쌓여 있어도 운동의 끈을 절대 놓지 않는다. 아이로니컬하게 들릴지도 모르지만, 마감에 쫓기고 있는데 글이 도통 써지지 않을 때면 오히려 없는 시간을 만들어서라도 운동을 가곤 한다. 오래 앉아 있으니 좀이 쑤셔서 혹은 바쁜 현실로부터 도피하기 위해서 딴짓을 하러 가는 것 아니냐고? 엄밀히 말하면 이건 딴짓이 맞을지도 모른다. 하지만 어디까지나 2보 전진을 위한 1보 후퇴와 같은 종류의 딴짓이다. 지극히 생산적인 딴짓인 것이다.

변명을 좀 하자면, 운동을 즐기기 시작한 후부터 몸을 잘 쓰고 나야 비로소 머리도 잘 쓸 수 있다는 것을 경험적으로 느끼기 시작했다. 그런데 글쎄 스피노자도 내가 느낀 '느낌'이 단순히 '느낌'은 아니라며 힘을 실어주는 것이 아닌가. 그때부터 나는 일이 잘되지 않을 때면 꼭 딴짓을 하러 가곤 한다. 트레이닝 바지를 챙겨 입고, 운동화 끈을 매고, 귀에는 이어폰을 꽂고, 운동이라는 딴짓을 하러.

먼 옛날, 데카르트가 철학계를 주름잡고 있을 무렵 사람들이 일반적으로 가지고 있던 생각은 "육체는 정신보다 열등하다"라는 것이었다. 데카르트의 가장 유명한 말이 무엇인지 기억하는가? "나는 생각한다. 고로 존재한다." 몸이고 뭐고 나의 존재를 결정짓는 가장 중요한 것은 바로 내가 하는 생각, 즉 나의 정신이라고 대놓고 말하고 있다. 그래서 이 시절 철학에서 가장 상식적이었던 생각은 정신과 신체를 이보다 더 다를 순 없다며 완벽하게 구분되어 있는 별개의 것으로 상정하는 것이었다. 그리고 정신을 우월하고 능동적인 것으로, 신체를 정신에게 속한 채 수동적으로 영향을 받는 것으로 우열을 나누었다.

그런데 이 생각에 정면으로 반하는 주장을 하는 사람이 있었다. 바로 스피노자였다. 그의 주장은 간단히 말해, 신체 능력에 따라 정신 능력이 결정된다는 것이다. 아니, 열등한 신체가 어떻게 감히 정신의 능력을? 스피노자는 '정신에 수동적으로 예속되는 신체'라는 관념은 그저 우리가 신체에 대해서 제대로 알지 못했기 때문에 생겨났다고 설명한다. 그는 우리가 잠을 잘 때 우리의 정신 또한 무의식에 빠지는 것처럼, 신체가 활발하지 못하면 정신의 사고 작용도 활성화되지 못한다고 주장했다. 또한 무지막지하게 빨리 달리는 치타를 예로 들면서, 신체에는 믿기 어려울 정도로 뛰어난 능력이 깃들 수 있다고 말했다. 지금 당장 우리가 치타만큼 빨리 달릴 수는 없더라도, 인간의 신체 또한 우리가 아직 깨닫지 못하는 것일 뿐 상상하지 못할 정도로 커다란 역량을 가지고 있을 수 있다고 말이다. 따라서 이처럼 대단한 역량을 가진 신체를 그저 정신에 지배되는 수동적인 존재로만 보아서는 안 된다고 주장했다.

데카르트의 가장 유명한 한마디가 "나는 생각한다. 고로 존재한다"였다면 스피노자의 가장 유명한 한마디는 "모든 것은 신이다"였다. 이 말은 그가 자신이 태어나고 자랐던 유대교 공동체에서 추방당해 죽을 때까지 논란의 중심에 서 있게끔 만든 말이기도 하다. 하지만 그가 받았던 오해처럼 그는 다수의 신이 존재한다고 말하려던 게 아니었다. 그는 다만 이 세상의 원리이자 본질로서 존재하는 단 하나의 존재가 바로 신인데, 그렇기 때문에 이 세계 자체를 곧 신으로 보아야 한다는 것이었다. 이러한 의미에서 이 세상을 이루고 있는 각 부분이 곧 신의 일부분이 된다. 내게 주어진 손가락은 물론이고, 그것이 치고 있는 키보드 그리고 거기에 연결된 콘센트까지. 이 세상 만물은 신이 그 모양과 상태 즉 '양태'를 달리하고 있는 것뿐이라는 게 스피노자의 생각이다.

이 말이 갖는 함의는 꽤 중요하다. 이 세계에 존재하는 모든 것이 신의 일부라면, 그것을 확실하게 파악하는 것은 곧 신의 일부를 확실하게 파악하는 것과 같다는 것이기 때문이다. 이 세계에 존재하는 것에는 이성으로만 파악 가능한 정신적인 관념만 있는 것이 아니다. 물질적인 것들도 당연히 포함된다. 데카르트는 내게 주어진 신체도 전부 신기루에 불과할지도 모른다고 의심했고, 또 그러한 신체를 통해 내가 느끼는 감각 또한 전부 확신할 수 없다고 말했다. 하지만 스피노자에 따르면 내가 가지고 있는 신체는 곧 신의 일부이며, 그러한 신체를 더 잘 알게 되는 것은 내가 신을 더 잘 알게 되는 것과 같다.

신은 곧 이 세상이 움직이는 원리이므로, 신의 일부를 더 잘 알게 되었다는 것은 곧 이 세계에 관한 참된 지식이 늘어났다는 것과 같은 말이다. 그만큼 내 정신의 역량이 늘어났다고 말할 수 있는 것은 당연지사. 원래 더 똑똑해지면 사는 것도 더 편해지는 법이다.

확실한 지식이 늘어난 나는 이제 내게 좋은 것은 무엇인지, 또 어떻게 하면 그런 결과를 얻을 수 있을지 보다 확실하게 알 수 있다.

꽤 본격적으로 운동을 해본 사람이라면 누구나 알 것이다. 운동을 할 때에는 몸에 있는 근육들을 얼마나 효율적으로 사용하는지가 중요하다. 그런데 아무리 내 몸에, 다른 사람도 아닌 나 자신의 몸에 붙어 있는 근육이라 하더라도 그 근육을 내 마음대로 움직인다는 것은 엄청난 노하우가 필요한 일이다. 예를 들면 발레에서는 '활배근'을 제대로 써야 균형을 잡는 것이 수월해진다. 그런데 이 활배근이 내게 붙어 있다는 걸 인식하는 것부터가 어렵다. 활배근은 옆구리와 겨드랑이 쪽에 걸쳐서 붙어 있는 근육인데, 처음에는 정확히 어디에 힘을 줘야 이 근육을 활성화할 수 있는지 알지 못한다. 대충 겨드랑이 어드메에 무식하게 힘을 주다가, 나중에 차츰차츰 활배근이 움직이는 것을 느끼고, 마침내 다른 근육에 불필요한 힘을 주지 않으면서도 활배근을 컨트롤할 수 있게 되는 것이다.

이렇게 내 몸에 무슨 근육이 있는지 그리고 그 근육을 어떻게 움직이는지를 잘 알면 내가 몸을 통해 받는 자극의 질이 달라진다. 처음에는 그냥 "내 상체에 힘이 들어갔다" 정도로밖에 자극을 인식할 수 없었던 것이, 점차적으로 "어깨와 옆구리에 힘이 들어갔다"로 인식할 수 있게 되고, 더 나아가면 "활배근에 힘을 줬는데 승모근에도 덩달아 힘이 들어가서 불필요한 긴장이 느껴진다"까지 내가 받는 자극을 인식할 수 있게 된다. 다시 말해, 나의 신체를 더 잘 알게 됨으로써 그 신체를 가지고 느끼는 자극 또한 더 다양한 방식으로 인식할 수 있게 되었으며, 따라서 더욱더 다양하고 디테일한 관념을 가질 수 있게 되는 것이다.

내가 신체를 더 잘 파악하여 보다 효율적으로 쓰는 방법을 알아냈더니 내 생각의 종류와 질도 더욱 늘어났다는 바로 이 경험이 스피노자가 설명하는 인간의 신체와 정신 사이의 관계를 매우 잘 요약해준다. 스피노자가 말하길, 우리는 신체가 외부로부터 받는 자극을 통해서 정신적인 관념을 형성한다. 그렇기에 신체적 자극을 더욱 다양하고 복잡하게 받아들일 수 있다면 정신적 관념 또한 더욱 다양하고 복잡해질 수 있다. 신체의 역량이 얼마나 되는지에 따라 정신의 역량도 결정된다는 이야기다. 앞서 내려진 결론과 합쳐보면, 결국 자신의 신체를 더 잘 알고 또 그 신체를 잘 쓸 수 있는 사람일수록 정신의 역량이 크다는 결론이 도출된다.

스피노자의 논리정연함에 압도당하지 않았더라도, 그의 신체에 관한 생각만으로도 나는 이미 그의 편이다. 평소에 운동을 즐겨 하는 나는 그가 설명하는 신체와 정신 사이의 관계가 정말로 맞는 말이라고 느낄 수밖에 없기 때문이다.

운동을 하면서 이전에 인식하지 못했던 내 몸의 구석구석을 인식하고, 또 그를 통해 신체적인 감각을 보다 예민하게 유지할 수 있다는 것은 굉장한 자신감을 안겨준다. 내 몸이 지금 어떤 상태에 있는지, 무엇을 원하는지 나는 보다 잘 알게 되었다. 나는 내 몸과 친해진 것이다! 그러나 이보다 신기한 것은 이렇게 내 몸에 대해서 더 잘 알게 되는, 그래서 내 몸과 친해지는 일이 머리가 일을 해야 할 때에도 긍정적인 영향을 미치더라는 것이다. 누구나 한 번쯤은 경험해봤을 것이다. 잘 안 풀리는 작업이 있을 때 답답해서 바람이나 쐬고 와야지 하고 나갔다 왔더니 갑자기 일이 술술 진행되던 경험 말이다. 나가서 한 바퀴 걷고 들어오면 기분전환이 되어 다시금 의욕이 솟아나기도 하지만, 실제로 작업의 퀄리티도 향상된다.

내가 이 사실을 체감하기 시작한 것은 대학교 3학년 무렵으로, 뮤지컬 발레로 춤에 입문해 케이팝 댄스에 내 무릎을 바치던 때였다. 이때는 공부하러가 아니라 춤추려고 학교를 다녔다고 해도 과언이 아니었다. 진지하게 하는 말이지만, 아마 그 시절의 나는 가만히 앉아서 공부한 시간보다 춤 연습을 한 시간이 더 많았을 것이다. 그래서 내 성적이 떨어졌느냐 묻는다면 오히려 그 반대였다고 자랑스레 말할 수 있다. 오히려 춤에 빠지기 전의 나는 대학 공부 의욕도 떨어지고 고민도 많았는데, 몸을 움직여 운동을 하기 시작하면서 공부에도 다시금 집중할 수 있었다. 공부는 엉덩이로 하는 것이라는 말도 있지만, 적어도 내게 공부는 가만히 앉아 있어야 잘되는 것이 아니었다. 책상을 박차고 일어나 몸을 움직이며 딴짓을 해야 더욱 잘되는 것이었다.

대학을 졸업한 지금도 나는 읽어야 할 자료가 도저히 눈에 들어오지 않거나 글쓰기에 진전이 없을 때마다 자리에서 일어나 움직이러 나간다. 마감이 하루 이틀밖에 남지 않은 상황이라 할지라도 어차피 이런 상태로는 컴퓨터 앞에 앉아 있어봤자 도저히 쓸 만한 문장이 나오지 않는다. 그래서 차라리 컴퓨터를 끄고 일어난다. 운동하러 갈 시간. 신체 역량이 정신 역량을 결정짓는다는 스피노자의 말을 상기할 때다.

가방을 챙기고 신발을 신는다. 다시 컴퓨터 앞에 앉게 되기까지 몇 시간은 걸리겠지만, 오늘도 굳이 운동을 하러 간다. 사실을 말하자면 몇 달째 미완성으로 있던 이 글도 운동을 끝내고 온 지금에서야 비로소 마무리할 수 있었다. 그러니 만약 진행되지 않는 작업이 있다면 잠시 '딴짓'을 하러 가보자. 작업창을 최소화해두고 인터넷 서핑을 하는 딴짓 대신, 발로 걸으며 몸을 움직이는 딴짓이라면 오히려 당신의 일을 진척시켜줄 부스터가 되어줄 것이다.

예술이 나를
자유롭게 할 수 있을까

_쇼펜하우어의 의지

●

아르투어 쇼펜하우어 Arthur Schopenhauer(1788~1860) 염세주의로 유명한 19세기 독일의 철학자 쇼펜하우어는 염세적이지 않아도 되었을 곳에서까지 염세주의를 발휘했다. 여성혐오자라고 해도 좋을 정도로 여성을 멸시하는 말을 많이 남긴 것이다. 이 때문에 쇼펜하우어의 사상을 빼버릴까 싶었으나, 필요한 것만 쏙 골라 써보자는 마음으로 다루어본다. 쇼펜하우어는 여성은 싫어했지만 칸트는 좋아했다. 그의 우상 칸트는 우리가 경험하는 세계의 배후 즉 이 세계 자체가 무엇인지 알 수 없다고 했지만, 쇼펜하우어는 그것이 '의지'라고 말한다.

나는 잠들기 전에 꼭 한 시간씩 스트레칭을 한다. 이 습관은 상황이 여의치 않은 때가 아니라면 단 하루도 빠짐없이 행해지는 일종의 의식儀式과도 같은 것이다. 이건 내게 머릿속을 환기하는 작업이라고 할 수 있다. 하루를 마무리하는 단계로 찌뿌둥한 몸을 풀어주며 가만히 나 혼자만의 시간을 보내고 있노라면 지친 몸과 머리가 조금은 회복되는 기분이 든다. 나는 양쪽 모두 제대로 해본 적이 없어서 잘 모르겠지만, 사람들이 요가를 그리고 명상을 하는 것도 이러한 점 때문이 아닐까 싶다.

그런데 이 과정에 한 시간이나 걸린다. 몸과 마음의 평화도 중요하지만 한 시간이라는 건 꽤 긴 시간이다 보니 마음속 목소리가 속삭인다. "이 시간을 더 유용하게 보낼 수 있게 뭐라도 해야 해." 그래서 이 의식에는 으레 한 가지가 더 추가된다. 집중하지 않고 가볍게 들을 수 있는 외국어 강좌를 틀어두는 것이다. 주로 일본어

라디오 강좌가 그 주인공이 되곤 하는데, 각 잡고 앉아서 하는 공부보다는 덜 효율적이긴 하지만 그래도 실력을 현상 유지라도 할 수 있게 해주는 데에는 꽤 효과적인 것 같다.

이따금씩 이러한 스트레칭 시간에 일본어 강좌를 재생하기가 머뭇거려지는 날이 있다. 대개 그런 날은 유난히 고된 날이다. 몸이 고된 것은 상관없다. 마음이 힘들거나 정신적으로 복잡해서 고되게 느껴지는 날이 그렇다. 이런 날에는 모처럼 휴식하는 시간에 머릿속에 뭐 하나라도 더 집어넣을 여유가 생기지 않는다. 그렇다고 아무것도 흐르지 않는 적막으로 놔두는 것도 영 끌리지 않는다. 외국어 강의를 듣는 것과 아무것도 듣지 않는 것 중에서 하나를 선택해야 한다면 후자를 선택하긴 하겠지만, 그것이 아닌 이상 자연스레 마음이 가는 선택지가 있다. 바로 음악을 듣는 것이다.

☾

염세주의 철학이라는 말로 널리 알려진 쇼펜하우어에게 명성을 안겨다 준 저작은 그 제목부터가 멋들어졌다. 『의지와 표상으로서의 세계』. 오오, 뭔가 있어 보이고 엄청 멋있긴 한데, 그래서 무슨 말인지 잘 모르겠다는 게 사실이다. 원래 철학이 어렵게 느껴지는 가장 큰 이유는 낯선 단어 때문이기도 하다. 여기에 나온 '표상'처럼 일상적으로는 잘 쓰이지 않는 단어가 사용되거나 일상적으로 쓰이는 단어일지라도 일상적인 의미와 다르게 쓰이는 바람에 어렵게 느껴지곤 한다. 표상이라는 것은 독일어로 Vorstellung인데 이것은 영어로 치면 idea 또는 image를 뜻하는 말이다.

쇼펜하우어는 세계를 두 가지 방식으로 설명한다. 우선 그는 표상으로서의 세계, 즉 내게 보이는 이미지로서의 세계를 말한다. 이때 그가 이미지 즉 표상이라는 단어로 뜻하고자 한 것은 추상적인 '관념'이 아니다. 내가 이 세계를 구체적이고 직접적으로 경험함으로써 갖게 되는 상像들을 뜻한다. 쇼펜하우어는 칸트의 팬이었기 때문에, 그의 철학에는 칸트의 철학과 닮아 있는 부분이 많다. 칸트는 우리가 세상에 관해 알 수 있는 것은 외부 대상 그 자체가 아니라 그 대상에 대한 나의 경험뿐이라고 말한 바 있는데, 쇼펜하우어가 말하는 바가 딱 그렇다. 내가 스트레칭을 하려고 바닥에 매트를 깔 때, 내가 오로지 확실하게 알 수 있는 것은 '내가 경험한 매트'이다. 내게 보이는 매트의 모습, 내가 느끼는 매트의 촉감과 무게 등등 말이다. 하지만 이처럼 내가 갖는 특정한 경험이 매트라는 물체 그 자체와 동일하다고는 말할 수 없다. 이게 어디 매트에 한정된 이야기겠는가. 이 세상에서 내가 경험하는 모든 것이 그렇다. 그래서 쇼펜하우어는 나에게 외부세계란 내가 경험하고 의식하는 것과 관계되어서만 존재한다고 보았다. 그리고 이런 의미에서 세계가 나의 표상이라고 말한 것이다.

'의지'로서의 세계란 무엇인지 살펴보자. 쇼펜하우어는 세계의 본성은 곧 의지Wille이고, 그래서 이 세계 자체가 곧 의지라는 의미로 의지로서의 세계를 말한다. 이건 칸트의 철학을 닮은 부분이 아닌, 쇼펜하우어가 자신의 독창성을 아낌없이 발휘한 부분이다. 방금 말했다시피 나는 이 세계 안에서 직접 세계를 경험해나간다. 내 눈으로 보고, 내 손발로 느끼고, 내 혀로 맛을 본다. 다시 말해 나는 이 세계를 겉에서만 슬쩍 훑어보는 것이 아니라, 나의 몸을 가지고 그 안에 뿌리박은 채 직접 세계를 경험한다. 이렇게 세계 내부에서 그것을 직접 경험하는 나이기에, 비로소 나는 이 세계 내부에 깃든 본성을 파악할 수 있게 된다고 쇼펜하우어는 말한다. 앨범 커버만 슬쩍 봐서는 그 앨범을 제대로 알 수 없는 것과 같다. 그 안에 들어 있는 노래를 들어야 비로소 그 앨범이 이렇다 저렇다 말할 수 있는 것이다.

그래서 깨닫게 된 이 세계의 본성이 무엇이었냐 하면, 바로 의지였다. 우리가 당연하게 의지가 있다고 상정하는 인간이나 동물부터 시작해서 식물 그리고 무생물에 이르기까지, 쇼펜하우어는 이 모든 세상이 의지를 동력으로 하여 움직인다고 말한다. 무생물에도 의지가 있다니, 좀처럼 수긍이 가지 않을 수도 있다. 그렇다면 잠시 물리 시간을 상기해봐도 좋다. 우리가 물체의 운동을 설명할 때 그 물체에 가해지는 이런저런 힘들을 언급하지 않는가? 이때의 '힘'을 쇼펜하우어는 '의지'라고 표현한다고 이해해도 좋을 듯하다. 그리고 그에 따르면 이 세상에 일어나는 모든 움직임과 변화의 궁극적인 원인이 곧 의지이다.

배가 고파 먹을 것을 찾아 헤매는 때의 나를 보면 적어도 인간을 움직이는 궁극적인 힘이 의지라는 것에 백번 수긍이 간다. 세상에 그렇게 부지런할 수가 없다. 아무리 힘들고 귀찮아도 먹겠다는 의지 하나로 음식을 만들기 위해 일사불란하게 움직인다. 냉장고에 있던 고기를 꺼내고, 그걸 다시 도마에 올려 칼로 자르고, 자른 고기를 에어프라이어에 옮기고. 고기가 끝나면 이제 곁들여 먹을 사이드 순서다. 물을 틀어서 토마토를 씻고, 소스 뚜껑을 열어 접시에 덜어낸다. 내 몸의 모든 움직임은 결국 무언가를 먹고자 하는 의지가 만들어낸 것이다.

이런 내 모습을 누군가가 한 발짝 떨어져 지켜보게 된다면 분명 "쟤가 배가 고픈가 보구나"라는 것을 깨달을 수 있을 것이다. 그렇다. 내 몸이 취하는 행동은 곧 가시화된 나의 의지와 같은 것이다. 인간이나 동물의 경우에는 그 행동의 원인이 된 의지가 비교적 잘 보이는 편이다. 나는 주로 고관절이 쉽게 뻑뻑해지기 때문에 스트레칭할 때 고관절을 풀어주는 데 특히 신경을 쓴다. 나는 고관절을 풀고 싶어 하니 고관절을 스트레칭한다. 인간인 나뿐만 아니라 가만히 식빵을 굽고 있던 고양이도 몸이 나른한 걸 풀고자 기지개를 켠다. 쇼펜하우어에 따르면 식물과 무생물의 움직임이나 변화도 전부 의지를 동력으로 하는 것이었으니, 집으로 돌아오는 버스 안에서 바라본 가로수들이 날이 추워져 잎을 떨어트리는 원인은 나무의 의지이고, 내가 탄 버스가 계속 바닥에 붙어 있을 수 있는 원인은 그 버스를 지구 중심 방향으로 끌어당기고자 하는 지구의 의지이다. 이걸 우리가 중력이라고 부르는 것이다. 이러니 결국 우리가 목격하는 모든 것이 곧 의지와 다름없다는 말이 나온다. 그리고 쇼펜하우어는 바로 이것을 근거로 이 세계 자체가 곧 의지이며, 세계에서 진정으로 존재하는 것 또한 의지뿐이라고 말한다.

그런데 아무리 생각해도 나무가 잎을 떨어트리는 의지와 내가 피곤을 풀고자 스트레칭을 하는 의지는 동일한 종류의 의지라고 생각하기 어렵다. 왜냐하면 길가에 심어진 나무는 그 어떤 나무든지 상관없이 겨울이 오면 우수수 낙엽을 떨어트리지만, 피곤하니까 스트레칭을 하겠다는 의지는 모든 사람이 다 가지는 것은 아니기 때문이다. 피곤하면 아무 생각 없이 재미있는 영화를 보고 싶어 하는 사람도 있고, 뜨거운 물에 반신욕을 하고 싶어 하는 사람도 있고, 무언가 위로가 될 만한 맛있는 디저트를 먹고 싶어 하는 사람도 있다. 사람마다 그 의지가 제각각이다.

쇼펜하우어는 이에 관해 의지에는 여러 가지 등급이 있다고 설명한다. 인간의 의지는 높은 등급에 속하는 의지다. 이런 종류의 의지에서는 개개인의 성격이 큰 힘을 발휘한다. 반면 낮은 등급의 의지로 내려갈수록 개체의 개별적인 성격 및 특성의 흔적은 찾아보기 어려워진다. 대신 그 개체가 속하는 종種의 일반적인 특성이 더 짙게 반영된다.

세계는 그래서 이렇게 다양한 의지가 서로 대립하며 싸우는 장이라고 쇼펜하우어는 말한다. 내가 매트를 침대 밑에서 들어 올린 것은 내가 매트를 들고자 하는 의지가 그것을 바닥으로 잡아당기려는 지구의 의지를 이긴 결과다. 의자에 앉아 있으면 반나절도 지나지 않아 뻑뻑해지는 고관절과 골반. 얼른 뻑뻑해져서 얘가 움직일 때마다 뚝뚝 소리를 내야지 하는 그들의 의지를 꺾고 나는 내 의지를 관철시켜 스트레칭을 한다.

밖으로 나가 사람들 사이에 섞이는 순간부터 우리는 긴장의 끈을 놓지 못한다. 개개인은 자신의 고유한 의지를 가지고 자신이 욕구하는 바를 위해 움직인다. 그러한 과정에서 나의 의지가 꺾이는 쪽이 아니라 꺾는 쪽이 될 수 있도록 사람들은 서로 경쟁한다. 직장에서는 이러한 의지의 경합이 더욱더 치열해진다. 그러니 집에 돌아왔을 때 지쳐 있을 수밖에 없다. 하루 종일 전쟁터에 있다가 왔는데 몸과 마음이 녹초가 되지 않는다면 그게 더 이상할 것이다. 그런데 쇼펜하우어의 말을 듣고 있자니 전쟁터인 곳은 인간들 사이의 사회뿐만 아니라 이 세상, 즉 자연 전체다. 나는 의식하지 못하고 있었으나 사실은 살아가는 매 순간이 싸움의 연속이었던 것이다. 아아, 어쩐지 살면 살수록 삶이 너무 고되다고 느끼는 건 괜히 드는 생각이 아니었다.

쇼펜하우어를 괜히 염세주의자라고 부르는 것은 아니었던 듯, 그는 여기에 한 번 더 초를 치는 말을 한다. 그에 따르면 의지란 욕

구에서 나오고, 욕구는 결핍으로부터 나온다. 무엇인가 결핍되었
다는 것은 그 결핍의 대상이 없어서 괴로워지는 것으로부터 인지
될 수 있다. 그러면 각자에게 부족한 것을 채워줄 수 있다면 결핍
이, 욕구가, 종국에는 의지가 사라져서 이 엄청난 싸움이 모두 멈
춰지는 것은 아닐까? 안타깝게도 쇼펜하우어의 답은 'NO'다. 한
가지 욕구가 채워지면 금세 또 다른 욕구가 그 뒤를 잇는단다. 게
다가 그 욕구의 강도는 점점 더 강해지기만 한다고 그는 말한다.
결국 우리는 만족이라는 걸 모른다. 만족을 모르니 싸움을 멈출
수가 없다. 그래서 평화롭지 못하다. 계속해서 무엇인가를 욕구하
고, 그것을 채우기 위해 이에 상충되는 의지와 끊임없이 싸워나갈
뿐이다.

$$\cdot \; (\; \cdot$$

역시 '생은 고'인가 하며 절망하려던 찰나, 쇼펜하우어는 이러한
의지의 속박에서 잠시나마 자유로울 수 있는 방법이 있다고 속삭
인다. 그것은 바로 예술을 통해서다. 쇼펜하우어에 따르면 지식은
언제나 의지의 명령에 따라 움직일 수밖에 없다. 왜냐하면 우리가
욕구를 충족시키기 위해 가장 효율적으로 이용할 수 있는 수단이

기 때문이다. 애초에 나도 스트레칭 시간을 조금이라도 유용하게 쓰고 싶다는 욕구를 충족시키기 위해 일본어학이라는 지식을 사용했었다.

그러나 예술 작품은 우리가 그것을 욕구 충족을 위한 수단이 아니라 순수한 감상의 대상으로서 바라볼 수 있게 해준다. 지친 마음으로 일본어 강좌 대신 유튜브로 플레이리스트를 하나 골라 스트레칭 시간의 배경음악으로 깔아두는 나는, 그걸 들어서 뭘 어쩌겠다는 마음을 가지고 선택하는 것이 아니다. 그냥 듣는다. 아무 생각 없이 그리고 아무 생각이 없고 싶어서 듣는다. 그리고 음악을 들으며 순수하게 기분 좋음을 느낀다. 정말 좋은 음악을 들었을 때 가슴속에서 무언가가 화악 달아오르는 듯한 기분은 누구나 느껴본 적 있을 것이다. 문학이든, 그림이든, 자연 경치이든, 춤이든, 심지어 어떠한 사람이든, 우리는 예술 작품을 앞에 두고 그 아름다움을 감상하느라 잠시 생각을 멈춘다. 나 자신을 잊는다. 내 의지를 잊는다. 그래서 이 순간만큼은 내 모든 행동을 컨트롤하는 의지로부터 자유로울 수 있다.

예술이 나에게 자유를 선사해주는 이유는 그것이 나에게 현실적인 것 너머의, 영원하고 보편적인 무언가를 보여주기 때문이다. 예술 작품을 두고 사용하는 말 중에 클래식 즉 고전이라는 단어가 있다. 시대를 초월하여 언제 감상하더라도 사람들에게 감동을 줄 수 있는 작품을 가리켜 우리는 클래식이라고 부른다. 언제나, 누구에게나 감동을 주는 것. 그렇다. 예술은 우리가 현실에서 잊고 지냈던 영원하고 보편적인 가치를 일깨워준다. 피상적인 사실이 아닌 본질을 깨닫게 해주는 것이다. 덕분에 나는 지금 살고 있는 세계 속에 놓인 유한하고 구체적인 개별 사물들을 잊는다. 그것들과 얽히고설켜 있는 나의 의지와 그로 인한 피로감도 함께 잊어버린다.

이걸 알고 나니 일상에서 예술을 가까이 두는 것이 얼마나 중요한지 새삼 깨닫는다. 집에서 예술의전당까지 한 시간이 넘게 걸리는 탓에 웬만해선 예술의전당에 가지 않는 편인데, 이제라도 부지런히 다녀야 하나 싶은 생각도 든다. 하지만 의지의 싸움에서 비롯된 피로를 풀겠다고 예술의전당을 드나들다가는 진짜 피로가 쌓이는 꼴이 될 것 같아 깨끗이 마음을 접었다. 다행히도 남부터미널까지 가지 않더라도 의지로부터 자유로워질 방법이 있다. 게다가 이건 훨씬 간단하게, 지금이라도 당장 실천할 수 있다. 바로 음악을 듣는 것이다.

쇼펜하우어에 따르면 예술의 다양한 장르 중에서도 가장 강력한 예술의 형식은 음악이다. 다른 모든 예술은 그것을 감상함으로써 우리가 본질을 깨달을 수 있도록 영원하고 보편적인 것들을 모방하고 있지만, 음악만큼은 진정한 이 세계 자체인 의지를 모방하고 있기 때문이라고 그는 설명한다. 그래서 '의지의 투쟁'으로부터 우리에게 휴식을 선사해줄 예술로서도 가장 효과적이다.

요즘 유튜브에서 플레이리스트 채널이 우후죽순으로 생겨나고 있다. 주제별로 듣기 좋은 노래를 모아 업로드하는 이 채널들은 어느 순간부터 내게도 추천영상으로 뜨기 시작하더니, 어떤 채널이든지를 막론하고 구독자 수를 빠르게 늘려가는 중이다. 다들 많이 지친 것일까. 의지의 싸움이 끝없이 이어지는 전쟁터에서 돌아와 잠시나마 일상에 배경음악을 하나 깔아두고 긴장을 풀고 싶은 마음일 것이다. 예전에 한창 회자되던 유행어 중에 음악은 국가가 허락한 유일한 마약이라는 말이 있었는데, 어쩌면 이 말이 전혀 근거 없는 소리는 아니었을지도 모르겠다는 생각도 든다.

집으로 돌아오는 길, 유난히 지치는 날이라면 편의점에서 캔맥주를 사서 들어오는 대신 내게 자유를 선사해줄 음악 한 곡을 골라보자. 음악이 아니어도 좋다. 그간 보고 싶던 영화를 감상하는 것도 좋고, 지금 머릿속에 드는 생각들을 글로 풀어내도 좋다. 무엇이 됐든 현실 속 수많은 의지의 싸움으로부터 잠시나마 우리를 빠져나가게 해줄 예술이라면 괜찮다. 오직 중요한 것은 아무 생각도 하지 말고 예술을 그 자체로 감상하는 것. 그로부터 조금이라도 유익한 것을 얻어야겠다는 강박은 내려놓는 편이 낫다. 지식은 의지의 명령을 거절할 수 없는 존재. 대신 순수한 감상을 통해 의지 잊어버리기를 택하자.

지금 문제가
느껴지지 않는다고
문제가 없는 건 아니다

_버클리의 관념론

●

조지 버클리 George Berkeley(1685–1753) 18세기 아일랜드 출신의 철학자 버클리는 철학 활동을 하다가 후에 성공회 주교가 되기도 한 인물이다. 버클리의 사상에서 흥미로운 점은 경험주의를 따르면서도 동시에 관념론을 고수하고 있다는 것이다. 그는 우리 정신과 독립적으로 존재하는 물질적 실체가 있다는 유물론은 말이 안 된다고 생각했다. 내가 알 수 있는 건 내가 직접 경험한 것뿐이고, 그렇게 경험한 내용은 어디까지나 내 마음속에서만 존재할 수 있기 때문이다. 그리하여 버클리는 "존재하는 것은 지각되는 것이다"라는 유명한 한마디와 함께 유물론을 정면으로 반박한다.

벌써 며칠째 이어지는 갈비뼈 통증이 어째 점점 심해진다. 발단은 지난 금요일이었다. 설날 바로 전이기도 했던 이날, 나는 연휴 동안 몸이 늘어지는 걸 방지하겠다며 평소 나가지 않던 시간에 새삼스럽게 운동을 가기로 했다. 안 하던 짓을 해서 몸의 노여움을 산 것일까. 맨날 입는 바지가 평소보다 유난히 타이트하게 느껴졌고, 한정된 바지통에 내 다리를 넣어보겠다며 바둥거리고 있었을 때. 순간적으로 왼쪽 등의 근육이 틱 하고 엇나가는 느낌이 들었다. 아아, 안 돼. 운동하기 전 몸을 잘 풀어도 모자랄 판에 조금이라도 불편한 부분이 생기게 할 순 없어. 나는 운동을 시작하러 가는 길 내내 이리저리 스트레칭을 해보고, 아까 거슬렸던 부분을 문지르고 주물러도 보고 온갖 난리를 쳤다. 정성을 다하면 하늘도 감동한다면서요. 하지만 나의 근육은 성이 난 채로 계속해서 불편한 기운을 내뿜었고, 운동이 끝나고 나서도 왼쪽 등이 어딘가 뭉친 느낌은

쉬이 가시지 않았다.

　며칠 쉬면 괜찮아지겠지 하고 연휴 내내 운동은 건너뛰었지만 예상과 다르게 쉬는 동안 점점 통증은 구체화되었다. 처음에는 등 언저리 어딘가가 뭉친 느낌이었는데 점점 옆구리 쪽으로 통증이 내려오더니 급기야 대충 7번 갈비뼈 언저리가 콕콕 쑤셔왔다. 통증의 강도도 매일 더해졌다. 처음에는 일부러 힘을 주면 조금 아픈 정도였는데 금요일로부터 5일이나 지난 지금은 마음대로 숨도 들이쉬지 못할 만큼 아파졌다. 대체 이게 무슨 일인가. 어떻게 해야 빨리 나을 수 있을까 머리를 굴리고 있는 사이 머릿속에서 '갈비뼈 실금'이라는 단어가 스쳐 지나갔다. 갈비뼈는 골프 스윙할 때도 금이 갈 수 있다던데. 내가 바지를 입고야 말겠다고 몸부림을 치는 그 순간 갈비뼈에 금이 가지 않았으리란 보장은 없지 않은가? 바로 핸드폰을 들어 인터넷으로 검색을 해봤다. "갈비뼈에 금 갔을 때". 애석하게도 지금 나의 증상과 딱 맞아떨어진다. 설마 내 뼈에 정말 금이 가 있는 것일까. 두려움과 걱정이 스멀스멀 몰려오기 시작한다.

　아마 그래서일 것이다. 의사들이 어디 아프면 인터넷에 검색하지 말라고 하는 것은. 아프면 자신의 증상을 검색하지 말고 신속하게 병원에 가야 한다. 하지만 나는 검색을 한 이후에도 병원에 가는 것을 차일피일 미루고 있었다. 무서웠기 때문이다. 만약 이게 정말로 갈비뼈에 금이 간 것이라면 나는 당분간 운동을 쉬어야 할 터. 하지만 나는 일주일에 최소 두세 번은 운동을 하지 않으면 도저히 사는 느낌이 들지 않는다. 운동을 쉬는 것만큼은 어떻게든 피하고 싶다. 그래서 병원 가기를 미루었다. 이대로 병원에 가지 않고 가만히 있으면 실제로 뼈에 금이 갔어도 없는 일로 칠 수 있는 것 아닌가. 아프지만 그냥 참고 나는 모르는 일이라는 핑계로 계속 운동을 할 수 있다. 하지만 병원에 가서 정말 뼈에 금이 갔다는 걸 엑스레이로 확인하게 된다면 이건 빼도 박도 못하게 완벽한 사실이 되어버리는 것이다. 아마 자동으로 몸도 사려지겠지. 마치 어딘가에 부딪힌 직후에는 별 고통을 느끼지 못하고 있다가 뒤늦게 부딪힌 곳에서 피가 철철 나는 것을 발견하게 되면 그제야 갑자기 고통이 몰려오는 것처럼. 차라리 몰랐더라면 내겐 없는 상처나 마찬가지였을 텐데 말이다.

어쩌 머리만 숨기고 눈을 감으면 내가 안 보일 거라고 생각하는 꿩 같은 모양새가 된 것 같지만, 내가 지각하지 못하면 그것은 존재하지 않는 것과 마찬가지라는 주장을 한 철학자도 있었다. 조지 버클리가 바로 그 사람이다. 그는 내가 처음 철학 공부를 시작했을 무렵, 관념주의Idealism가 반드시 경험주의Empiricism와 상충하는 것만은 아니라는 것을 깨닫게 해준 철학자다.

버클리는 인간이 알 수 있는 대상에는 세 종류의 관념idea이 있다고 말한다. 첫째는 우리의 감각에 각인되는 관념이고, 둘째는 내가 스스로 마음속 활동을 의식함으로써 지각되는 관념이다. 이러한 분류에 따르면 내 갈비뼈에서 느껴지는 통증은 첫 번째 종류의 관념이고, 그러한 통증을 내가 느끼고 있구나 하고 의식하는 나의 머릿속 생각은 두 번째 종류의 관념으로 보인다. 그리고 이러한 관념들을 결합하거나 분리해서 만들어낸 관념 또는 이미 지각된 관념을 다시 한 번 마음속에서 떠올림으로써 생겨나는 관념이 나머지 한 종류를 차지한다.

이처럼 관념을 갖는, 즉 지각을 하는 나의 마음이라는 것은 굉장히 능동적인 존재다. 그렇기에 마음이라는 것은 항상 스스로 무언가를 지각할 뿐이지, 자기 자신이 수동적으로 지각의 대상이 되지는 않는다. 나는 나에게 마음이라는 것이 있다는 걸 알고 있다. 하지만 이건 내가 내 마음을 직접 경험했기 때문에 알게 된 것이 아니다. 이를 두고 버클리는 내가 지각하는 관념들을 통해 이러한 관념들을 지각하는 마음이 내게 있겠구나 하고 개념적으로 알게 되는 것이라고 설명한다.

능동적인 나의 마음은 세상을 열심히 지각하며 실로 다양한 관념들을 갖게 된다. 내가 살아가면서 갖는 모든 경험들이 곧 관념이라고 할 수 있다. 아침에 눈을 떠서 마주하는 햇살, 아직 추운 밖으로 나가기 싫어서 조금 더 침대에서 비비적거릴 때 내 살갗에 닿는 이불, 세수할 때 느껴지는 따뜻한 물, 아침으로 먹는 새콤달콤한 과일 등등. 이처럼 나는 내가 갖는 다양한 관념들을 바탕으로 이 세상에 태양이, 이불이, 물이, 과일이 존재한다고 생각한다.

많은 수의 철학자들이 그래서 우리가 갖는 이러한 관념의 원인이 되는 물질적인 실체가 있을 거라고 생각했다. 태양이라는 우리 외부의 실체가 존재해서, 그러한 태양이 우리에게 어떠한 감각 경험을 제공하고, 그로 인해 우리가 따스한 햇살을 경험하면서 태양이라는 관념을 갖게 된다는 것이다. 하지만 버클리는 이를 받아들이지 않았다. 그가 보기에 물질적 실체라는 것은 논리적으로 말이 안 되는 개념이었다.

태양이라는 물질적 실체가 있다고 생각하는 것은 내가 그러한 관념을 가졌기 때문이다. 하지만 여기서 확실하게 말할 수 있는 것은 어디까지나 "태양에 대한 관념이 내 마음속에 존재한다"라는 것밖에 없다. 그리고 관념은 내 마음이 지각함으로써 생긴 것이기에 애초에 마음을 떠나서는 존재할 수 없다고 말한다. 내가 "태양이 존재한다"라고 말하는 것은 그저 "내가 태양을 보고 있다" 즉 "내가 태양을 지각하고 있다"라고 말하는 것에 다름 아니다. 따라서 내가 지각하는 것과 관계없이 독립적으로 존재하는 사물은 있을 수가 없다. 내가 무언가를 지각했다면 그것은 반드시 내 마음 안에서 존재하는 것이니 말이다. 여기서 그의 유명한 한마디가 등장한다. "존재하는 것은 곧 지각되는 것이다."

버클리의 결론은 그래서 나의 마음을 떠나 독립적으로 존재하는 물질적 실체 같은 것은 있을 수가 없다는 것이다. 실제로 우리는 특정한 지각의 형태를 상정하지 않고 '바지'라는 것을 상상할 수조차 없다. 내가 바지를 떠올린다면, 그것은 무조건 특정한 색깔과 모양 등을 가진 바지일 수밖에 없지 않은가. 우리는 어떠한 것에 관한 지각이 있어야만 비로소 그것에 관해 생각이라는 걸 할 수 있을 뿐, 결코 우리의 감각적인 지각으로부터 물질적 실체라는 것만 분리시켜서 상상할 수 없다.

이런 주장은 물질적인 실체가 존재한다는 입장에 대놓고 찬물을 끼얹는 격이다. 대신 버클리는 독립적으로 존재하는 실체를 능동적인 지각 능력을 지니고 있는 우리의 마음으로 설정한다. 그 외에 무엇인가가 존재한다면 그것은 어디까지나 내가 지각함으로써 내 마음 안에 생기는 관념이라는 형태로, 내 마음에 의존해서만 존재할 뿐이다. 이런 관점에서 생각해보면 설령 나의 갈비뼈 한 대가 금이 간 정도가 아니라 아예 부러졌다 할지라도, 그러한 골절쯤은 없는 셈 치는 게 가능할지도 모른다. 내가 부러진 갈비뼈를 병원에 가서 직접 확인하지 않는 이상 나는 골절된 갈비뼈에 대한 관념을 갖지 않을 것이다. 내 마음에서 존재하는 것은 그저 통증뿐. 이건 단순히 근육통일 수도 있다.

하지만 아쉽게도 이러한 결론은 버클리에게도 환영받지 못할 것 같다. 왜냐하면 버클리는 신의 지각을 상정하기 때문이다. 버클리 왈, 내가 지각하지 못하는 것이라 할지라도 전지전능한 신이 나 대신 지각해주고 있다고. 그래서 나는 있는지도 모르는 지구 반대편 어느 숲속 나무의 이파리라 할지라도 그것은 신의 마음에 의존하여 존재한다. 신이 언제나 모든 것을 지각하고 있기 때문이다. 내게 보이지 않으면 존재하지 않는 셈 칠 수 있다는 결론은 그래서 내려지지 않는다. 내가 엑스레이를 찍어보든 아니든 내 갈비뼈는 충분히 금이 가 있는 채로 존재할 수 있다. 신이 나 대신 전부 지각해주고 있을 테니 말이다.

그래서 어제 드디어 미루기를 멈추고 병원에 갔다. 다행히도 뼈에는 아무런 문제가 없다는 진단이 나왔다. 그냥 근육이 놀란 것뿐이라고. 정말 다행인데 묘하게 슬퍼지기도 한다. 그럼 겨우 근육 한 줄이 놀란 거 가지고 이렇게 아팠던 거야? 그것도 이렇게 오래? 아아, 옛날에는 발목이 접질려도 하루 이틀이면 금세 회복됐는데 이제는 근육의 회복 속도가 예전만 못하다. 갈비뼈가 무사함을 확인했지만 그와 동시에 노화의 진행도 확인받은 것 같아서 병원에서 돌아오는 길이 시큼털털했다.

20대 중반까지만 해도 나는 건강이 뭐가 그렇게 중요한지 실감하지 못했다. 하지만 20대 후반에 접어드는 현시점에서 느끼는 바를 말하자면, 건강은 정말 중요하다. 신체적으로 고통스러운 것에 더해 당장 해야 할 일을 하지 못한다는 점도—조금은 서글픈 이유지만— 아프면 나만 손해라는 생각이 들게 한다. 그날 하루 학교를 결석하면 끝이고, 아팠다는 이유로 그다음 날 숙제 검사까지 면제되는 초등학생 때와는 천지 차이다. 끝내야 할 일은 배로 쌓여서 나를 기다리고 있고, 옛날만큼 체력이 빠르게 회복되지도 않는다. 근육이 한번 놀라도 풀릴 기미가 좀처럼 보이지 않는다. 마치 내

옆구리처럼.

정신을 야무지게 다잡는 것도 물론 살아가는 데 중요하지만, 건강한 몸에 건강한 정신이 깃든다는 것은 빈말이 아니다. 정신만큼이나 몸 관리도 잘해야 한다. 그런데 건강이라는 게 실제로 느껴지는 문제가 발생하기 전까지는 좀처럼 티가 나지 않다 보니 그만큼 주의를 기울이는 데 소홀해진다. 술이나 담배를 끊을 것을 독려하는 캠페인에서 자극적인 질병 사진을 자꾸만 보여주는 이유가 따로 있겠나. 어쩌면 지금 당장 눈에는 보이지 않지만 몸속에서 이런 일이 일어나고 있을지도 모른다고 상기시켜주는 것이다. 내가 지각하지 않는 한 존재하지 않는 게 되는 거라면 걱정이 없겠지만, 모든 걸 언제나 나 대신 지각해주고 있는 신 덕분에 내가 모르는 건강 문제가 언제 어디에 존재하고 있을지 모른다. 그러니 미리미리 조심하는 수밖에 없다.

그렇다고 해서 거창하게 매년 건강검진을 받으라고 종용하는 것은 아니다. 건강검진은 나부터도 받으러 가질 않으니 말이다. 다만 한 살이라도 어릴 때부터 몸을 아껴 쓰는 것은 적극 추천하고 싶다. 나는 평생 이 한 몸을 가지고 살아가야 하는 존재다. 사용 주기가 길 뿐이지 엄밀히 말하면 일회용(?)인 것이다. 그러니 재생되지 않는 것들은 최대한 아껴 써야 한다.

내가 가장 신경 쓰는 신체 부위는 바로 관절과 근육이다. 지금도 운동 열정이 넘쳐서 갈비뼈를 희생시키려는 무모한 짓을 하려는 나인데, 힘이 뻗치던 20대 초반에는 더했다. 그러나 문제는 지식이 열정을 따라가지 못했다는 것. 운동이 좋은 마음만 앞서서 정말 무식하게 운동을 했다. 그 운동에는 춤도 포함되어 있었으니, 엑소와 방탄소년단의 안무를 추느라고(그들의 안무에는 무릎을 꿇는 동작이 어찌나 많은지) 내 무릎을 다 바쳤다고 해도 과언이 아니다. 덕분에 무릎이 너무 아파서 계단을 오르지 못하던 시기도 있었다. 그러면 다시 파스를 한껏 뿌리고 또 춤을 추러 가는 무모한 짓을 했다. 발목도 많이 접질렀다. 평소 발목 근육이 튼튼하지 않은 상태에서 격한 동작들을 소화하다가 발목을 삐끗하는 것이다. 부상의 주된 주인공이었던 내 왼쪽 발목은 그래서 오른쪽 발목에 비해 훨씬 약하다.

앞으로 평생 운동을 해나갈 것을 그때 미리 생각했더라면 당장 내 눈에 무릎 관절이 닳고 발목의 인대가 손상되는 게 눈에 보이지 않는다 할지라도 좀 더 주의를 기울였을 텐데. 아쉽지만 뒤늦게나마 조심하는 중이다. 내려갈 때는 계단을 이용하지 않고 가능하면 무조건 엘리베이터를 탄다. 운동을 하기 전후로는 충분히 몸을 풀어준다. 가만히 서 있기만 해도 불안하게 흔들리는 왼쪽 발목이 더 이상 악화되는 것을 막기 위해 보조기구도 착용한다. 평소 꾸준히

근력 운동을 해서 체력과 움직임에 필요한 근육을 키워두는 것은
물론이다.

아직 20대인 나도 벌써 이런 생각을 하는데, 이런 나를 보면서
30대 선배들은 "어려서 쌩쌩하다"라고 말한다. 30대가 되면 체감되
는 몸이 확 달라진다는 말과 함께. 40대에 접어든 분들은 그 옆에
서 우리를 보면서 가소롭다는 듯 웃고 있다. 아아, 역시 이 몸과 갈
길은 멀다. 그러니 하루라도 빨리 미리미리 건강관리에 신경 써두
자. 지금 아무런 문제도 느껴지지 않는다고 해서 문제가 없다고 안
심할 순 없다. 나는 모르는 곳에서 질환이 싹틀 기회만 보고 있을
지도 모른다. 가능한 한 좋은 음식을 먹고 건강한 습관을 들이며
내 몸을 최대한 아껴주자.

Chapter 5.

"사는 게 한없이 막막하게 느껴져요"

길을 찾을 수 없을 때 꺼내 보는 철학 기술

무엇을 선택해야 할지
막막하게만 느껴진다면

_사르트르의 자유

●

장 폴 사르트르 Jean Paul Sartre(1905-1980) 사르트르는 철학자이기도 하지만 문학 작가이기도 했다. 그에게 노벨문학상을 수상하게 해준(그러나 정작 사르트르 본인은 그 상을 거부했다) 사르트르의 소설 「구토」는 인간이란 아무런 목적 없이 존재하기 시작할 뿐이며 그 의미는 스스로 부여해야 하기에 인간에게 주어진 자유는 구역질이 날 정도로 불안하고 고통스러운 것이라는 내용을 요지로 하여, "존재가 본질에 앞선다"라는 실존주의 핵심사상을 주제로 삼고 있다. 20세기 중반에 폭발적인 인기를 누렸던 사르트르 덕분에 이러한 그의 철학은 대중의 삶 속에 깊이 파고들 수 있었다.

백화점 식품관에 가는 것을 좋아한다. 나의 주목적은 눈부신 케이크와 빵들이 늘어서 있는 디저트 가게들. 어떤 백화점이든지 근처에 들르게 되면 반드시 백화점 지하로 내려가 여기에는 어떤 가게들이 입점해 있나 구경을 한다. 그럼에도 불구하고 나오는 길에는 손에 아무것도 들려 있지 않기 일쑤다. 맛있는 만큼 높은 칼로리 때문에? 아니다. 365일 다이어트 중이긴 하지만, 일단 식품관에 내려가는 것은 무언가를 사겠다는 마음으로 들어가는 것이긴 하다. 가격이 비싸서? 아니다. 식품관에 입점해 있는 브랜드들은 어느 정도 가격대가 있는 게 사실이지만 나는 먹을 것에는 절대 돈을 아끼지 않는 사람이다. 정답은 "뭘 골라야 할지 모르겠어서"다. 프티 가토를 고를 것이냐, 구움과자를 고를 것이냐, 그도 아니면 그냥 빵을 고를 것이냐 하는 결정부터 시작하여, 그중에서는 또 어느 가게의 어떤 제품을 살 것이냐의 결정까지, 해야 하는 결정도 여러 가지인데 매 결정마다 선택의 폭이 너무 넓어서 결국 고민만 하다가 아무것도 고르지 못하는 것이다. 백화점에 들어갈 땐 한껏 부풀어 있던 마음도 이렇게 무엇을 살지 고민하다 보면 답답해지기만 하고 더 이상 두근거리지도 않는다. 그냥 집에 가서 과일이나 먹자며 나와버린다.

이런 막막함은 모니터 앞에 앉을 때도 매우 자주 느낀다. 어젯밤 침대에 누워서 생각할 땐 그렇게 쓸 말이 많더니 아침이 되어 컴퓨터 앞에 앉아 키보드에 손을 올려놓으면 왜 머리는 백지가 되는가. 정말 막막하다. 분명 채워 넣어야 할 분량은 정해져 있는데, 써내려갈 말이 떠오르질 않으니 압박감만 더욱 심해진다. 결국 일단은 커피를 마셔야겠다며 자리에서 일어난다.

일상을 살아가면서도 이렇게 막막한 순간마다 어찌할 바를 몰라 괴로워하는데, 이런 막막함이 인생에서 중요한 선택의 순간에 찾아오게 되면 그야말로 고통이다. 당장 몇 년 앞의 미래만 생각해도 가슴께가 갑갑한 느낌이 드는 건 나뿐일까. 지금 당장이야 일단 어찌어찌 살고 있긴 하지만 내년에는, 내후년에는 그리고 내 인생의 남은 시간 동안에는 대체 어떻게 살아야 좋을까. 질문을 던져보지만 그 답은 좀처럼 떠오르지 않는다. 무엇을 하면서 살아가면 좋을지 좀처럼 선택하기 어렵다.

어떤 사람들은 이럴 때 사주를 보러 가기도 하는 것 같다. 사주를 보러 가면 내가 어떠한 성향을 타고났는지 말해준다. 그렇게 내가 타고난 '팔자'를 알려주고, 내가 가진 고민을 이야기하면 내게 어떤 선택지가 더 좋을지 제시해준다. 결혼을 한다면 어느 연도가 좋을지 몇 개 제시해주기도 한다. 사업을 해도 좋을지 아닐지 판단해주고, 만약 해도 된다면 어떤 직종이 추천할 만한지 후보도 나열해준다. 시험 볼 때 서술형보다 객관식 문제가 더 반가운 건 내게 주어진 선택지가 그나마 추려져 있기 때문이다. 사주니 운세니 하는 것도 비슷하다. 내가 골라야 하는 선택지의 개수를 어느 정도 추려서 내가 보다 덜 막막한 선택을 할 수 있도록 도와주는 것이다. 하지만 우리는 문제의 답을 철학에서 찾기로 했다. 아무리 '철학관'이라는 이름을 달고 있더라도 선택의 기로에서 막막할 때 사주를 보러 가는 건 내 스타일이 아니다. 그래서 사주팔자 대신 사르트르를 찾는다.

1차 세계대전을 통해 많은 사람들이 너무나 허무하게 죽어간 이후, 수많은 존재 가운데에서도 특히 '인간'이라는 존재는 대체 무엇을 의미하는지에 관한 철학적 고민이 대두되기 시작했다. 이제까지 철학에서는 줄곧 이 세상에 확실히 존재하는 게 무엇인지 고민하며 그것이 물질적인 것이라면 물질적 실체라고, 정신적인 것이라면 정신적 실체라고 이름 붙여가며 다양한 논의를 해왔다. 그런데 이제는 그러한 존재 탐구의 초점이 수많은 존재 중에서도 특별히 '인간'이라는 존재에 맞추어지게 된 것이다.

사르트르 하면 실존주의, 실존주의 하면 사르트르지만 사실 '실존'이라는 용어를 처음 사용한 이는 키르케고르Kierkegaard라는 덴마크 철학자였다. 키르케고르는 그간의 철학에서 인간을 생각할 때, 한 명 한 명의 개체적인 인간에 관해 생각하는 것을 잊어버린 채 보편적이고 일반적인 개념으로서의 인간 존재만을 생각했던 것이 문제라고 지적했다. 그 결과 인간은 '존재'하기보다 '반성reflect' 하기에 급급해졌다고 꼬집는다. 키르케고르는 인간이란 자기 자신이 존재하고 있는 특수하고 구체적인 상황에서 내가 무엇을 선택할 것인지 고민하게 되는, '개인적 선택'에 직면해 있는 존재라고 말한다. 그리고 이러한 맥락에서 개인적이고 특수한 존재인 '살아 있는 나'에 대해서 고민하기 위해 특별히 '실존'이라는 단어를 사용했다.

시작은 키르케고르였지만 스타가 된 것은 사르트르였다. 나는 종종 생각하는데, 철학계에서 그야말로 스타의 지위를 누렸던 이들은 그 이름부터 이미 멋있는 것 같다. 사르트르가 그중 한 사람이고, 비트겐슈타인도 그렇다. 뭔가 이름에서 벌써 쿨한 아우라가 뿜어져 나오는 것 같지 않은가? 사르트르는 풀 네임마저 '장 폴 사르트르'. 그냥 '장 사르트르'였거나 아니면 '폴 사르트르'였더라면 영 느낌이 살지 않았을 텐데, 하필이면 '장 폴 사르트르'다! 아아, 이렇게 멋진 이름을 가진 사람이 실존이니 뭐니 하며 이야기하니 아무리 얼굴이 못생겼어도 다들 빠져들 수밖에 없다.

각설하고, 사르트르가 남긴 유명한 한마디를 들어보자. 그는 "실존existence이 본질essence에 선행한다"라고 말한다. 인간이란 일단 그냥 존재부터 하기 시작하고, 그 후에 비로소 본질이라는 게 생긴다는 것이다. 플라톤이 말하는 것처럼 이데아와 같은 인간의 본질이 먼저 있고, 그를 본떠 개체적인 인간이 생기는 게 아니라는 의미다. 사르트르가 말하길, 인간은 우선 존재한다. 그리고 그렇게 존재하게 된 이후 자기 자신과 대면하고 세계를 경험하면서 비로소 자기 자신을 규정해나간다. 나는 아무것도 없는 텅 빈 상태로 일단은 존재부터 하기 시작하다가 살아가면서 그 안에 조금씩 무언가를 채워 넣는 것이다. 그리고 그렇게 채워진 내용이 곧 나의 본질이 된다. 사르트르에 따르면, 이러한 과정에서 나 자신을 어떻게 규정해나갈지 의지를 발휘하는 것은 오로지 나 자신뿐이다. 그 외에는 어떤 것의 영향도 받지 않는다. 내가 나를 어떠한 모습으로 만들어야 한다고, 내가 무엇을 목표로 살아야 한다고 정해주는 존재는 나 외에는 아무것도 없다.

사람은 항상 자기가 이 세상에 존재하는 이유가 무엇일지 고민한다. 그리고 그 이유는 '신'에서 찾아질 때가 많았다. 신은 특정한 목적을 가지고 인간이라는 존재를 만들었고, 그 결과에 따라 내가 존재하며, 나는 마땅히 그 목적에 부합하게 살아야 한다는 것이다. 신이 아니라 진리 추구에서 삶의 의미를 찾는 경우도 있다. 세상의 진리 내지는 이 세상이 작동하는 원리를 깨닫기 위해서 우리는 알쏭달쏭한 삶을 계속 탐험해간다. 그러나 사르트르는 이와 같이 외부적으로 주어지는 삶의 의미를 일절 거부한다. 인간의 삶이란 우연의 산물로, 뚜렷한 목적이나 주어진 의미 같은 것은 존재하지 않는다. 사르트르는 대놓고 말한다. "신은 없다"라고. 인간은 자기 삶의 의미를 스스로 부여해야만 한다. 나 이외에 내 삶에 의미를 부여해줄 그 어떤 것도 존재하지 않기에 나는 내가 의도한 대로 나 자신을 만들어가야만 한다.

이로부터 사르트르를 대표하는 용어 중 하나인 '자유'가 중요한 키워드로 등장한다. 삶의 의미가 따로 부여되어 있지 않으니 우리가 반드시 따라야 할 목표나 규범 같은 것도 없다. 심지어 사르트르는 보편적인 도덕 같은 것도 없다고 주장한다. 무엇이 옳은지를 판단할 근거는 전적으로 나에게 달렸다. 내가 주체적으로 판단해서 옳고 그름을 선택해야 하는 것이다. 그래서 우리는 모든 선택에 있어서 자유로운 결정을 내릴 수 있다. 삶에서 어떤 선택을 하며 살아갈지는 전적으로 우리 마음에 달렸다.

친구들끼리 모여 느긋하게 노닥거리고 있을 때 갑자기 누군가가 외치곤 한다. "누가 아이스크림 좀 사 와." 주로 나처럼 편의점 가는 걸 좋아하는 사람이 자원을 하거나 아니면 누군가가 벌칙을 받고 나가기 귀찮아하는 모두를 대신해 갔다 오곤 한다. 그리고 나가기 직전 아이스크림을 비롯해 각종 과자도 알아서 좀 사 오라는 말이 덧붙여진다. 이번 편의점엔 무슨 과자가 입고되어 있을 것인가, 냉장 코너엔 무슨 디저트가 구비되어 있을 것인가 하는 설레는 마음을 안고 차곡차곡 쌓여 있는 편의점 상품들을 구경할 재미를 기대하며 자원해서 나오긴 했는데, 막상 간식을 고르는 순간이 오면 괜히 나왔다 싶다. 나 혼자 먹을 거라면 별 부담 없이 아무거나 사도 괜찮다. 신상 과자를 샀다가 실패해도 어차피 내가 사서 내가 먹는 건데 거리낄 게 뭐가 있나. 하지만 공금으로 다른 친구들 몫까지 전부 내가 골라야 하는 상황이라면 갑자기 책임감이 막중해진다. 뭘 사서 가야 애들이 맛있게 먹을 수 있을 것인가. 이럴 줄 알았으면 같이 고를 몇 명을 더 데리고 나올걸.

선택이란 이처럼 우리에게 책임감을 부여한다. 선택의 임무가 오롯이 나에게 주어져 있는 경우일수록 그 책임감은 더욱 커져서 우리를 압박하는 지경에 이른다. 사르트르가 인간은 자유로운 존재라고 말했을 때, 그가 의미한 자유는 '방종'의 자유가 아니었다. 인간의 자유는 '책임감' 때문에 오히려 형벌처럼 주어지는 자유다. 내게는 미리 주어진 의미도, 참고해서 따를 만한 목표도 없기에 선택을 할 때 의지할 수 있는 구석이 아무것도 없다. 나라는 존재의 본질은 나 스스로 부여해야 하고, 삶의 의미도 내가 직접 만들어가는 거라는데, 그러한 과정에서 필요한 결정은 전부 내가 알아서 내려야 한다. 무언가를 선택했을 때 결과가 좋지 않더라도 내가 책임을 돌릴 수 있는 사람은 오직 나뿐이다. 이건 확실히 자유가 맞긴 하지만 되레 부담스러운 자유다.

이처럼 한없이 자유로운 선택을 부담스럽다는 이유로 포기하는 건 불가능하다고 사르트르는 말한다. 우리는 무조건 선택을 할 수밖에 없다. 다만 그것을 내 자유로 선택하느냐, 아니면 다른 누군가 혹은 특정한 조건에 의해 선택당하기를 선택하느냐 둘 중 하나뿐이다. 내가 사 온 아이스크림이 맛이 없다고 하더라도 "네가 사 왔잖아! 네 책임이야!"라고 말할 수가 없다. 친구는 자신이 먹을 아이스크림을 내가 대신 선택해주기를 선택한 것이다. 그건 궁극적으로는 친구 자신이 내린 선택이며, 그래서 책임 또한 본인의 것이다.

이런 까닭으로 실존주의에서는 나의 주체성이 곧 진리의 기준이 된다. 나는 스스로 판단하여, 선택의 순간마다 그 상황에 알맞은 결정을 매번 새롭게 내려야 한다. 남에게 선택의 권한을 전가해서도 안 되고 또 습관적으로 선택을 해서도 안 된다. 그렇다 보니 나는 어떠한 선택이 나의 삶에 올바른 결정일지 판단하기 위해 항상 스스로 깨어 있어야 할 필요가 있다. 그렇게 주체적으로 선택한 결과가 차곡차곡 쌓여 나의 본질을 구성하는 것이다.

· ☾ ·

만약 지금 어떻게 해야 할지 도저히 갈피가 잡히지 않아서 고민이 된다면 그건 사실 내게 선택지가 없기 때문이 아닐지도 모른다. 오히려 그건 나에게 가능한 선택지가 너무 많아서일 수도 있다. 너무나 자유로이 선택할 수 있지만, 그렇기 때문에 고민인 것이다. 사르트르는 내가 주체적인 존재로서 어떤 선택을 할 것인지 나 스스로 결정해야 한다고 말한다. 내가 고민하는 이 상황은, 고로 오롯이 내가 부담할 수밖에 없는 선택의 책임감이 나에게 압박을 가하는 상황에서 과연 옳은—다른 누구도 아닌 나 자신에게 진리가 될 수 있는—선택은 무엇일지 열심히 생각 중인 상황이다.

그러니까 생각의 전환이 필요하다. 막막하다고 해서 절망할 필요는 없다. 대체 무얼 선택하면 좋을지 모르겠는 상황이야말로 내게 무한한 가능성이 열려 있다는 것을, 나는 내가 의도하는 대로 그 가능성을 선택할 수 있다는 것을 알려주는 것이니까. 그러한 선택의 순간에 내가 괴로워하는 것은 내가 나라는 주체적인 존재로 살아가는 한 너무나 당연한 것이다. 그 괴로움 또한 내가 가진 자유를 다시금 일깨워주는 증거일 테다. 워드에서 '빈 문서'를 열고 매번 같은 막막함을 마주하는 나도 분명히 쓸 말이 너무 많기 때문에 뭘 써야 할지 모르고 있는 것이 분명하다. 글 하나를 끝마치고 나면 이젠 쓸 말이 다 동이 났다며, 더 이상 글은 못 쓰겠다며 침대로 몸을 날리지만 그다음 날이 되면 또 뭐라고 끄적일 말이 나오긴 하는 걸 보면 이건 억지 추측이 아닌 사실인지도 모른다.

단지 나는 주체성을 지키기 위해서 내가 어떤 사람인지 좀 더 예민하게 의식하는 것이 필요할 뿐이다. 그 누구도 나를 대신 규정해 주지 못한다. 아무리 사주팔자가 귀신같이 나를 꿰뚫어보는 것 같다고 해도, 나의 본질은 내가 태어난 생년월일로 정해지지 않는다. 나는 그저 태어났을 뿐이고, 지금까지 살아오는 동안 내가 해온 수많은 선택들을 쌓아 올린 결과가 나라는 인간의 본질을 구성했다. 그 내용은 세상에서 내가 제일 잘 알고 있다. 그러니 아무리 막막한 결정을 마주하고 있다 해도 '철학관'으로 향할 필요가 없다. 지금까지 만들어온 나라는 인간은 내가 이미 파악하고 있고, 앞으로 해나갈 선택에서도 나는 내가 원하는 대로 결정을 내릴 수 있다. 사르트르의 말을 믿으면서 다시 한 번 기합을 넣어 주체적인 고민을 해본다. 그 고민의 결과로 나만의 진리를 선택할 수 있다면 더할 나위 없이 기쁜 일이다. 물론 아무리 좋은 결과가 나와도 복채를 낼 필요가 없다는 건 덤이고 말이다.

내 길이 보이지 않을 때

_쿤의 패러다임

●

토머스 쿤 Thomas Kuhn(1922-1996) 과학철학에서 그야말로 센세이션을 일으킨 쿤은 본디 하버드대학교 물리학과 출신이다. 그것도 학사만이 아닌 석박사 과정 까지 전부 물리학 전공이었다. 박사 과정 중 과학사 교양 수업을 맡게 된 쿤은 이후 UC 버클리에서 소속을 철학과에 두고 정식 교수직을 맡게 된다. 그리고 이 때부터 그는 과학사를 넘어 과학철학에 관심을 두고 연구하기 시작했다. 이 시 기의 연구가 바로 그의 패러다임 이론이 담겨 있는 것으로 유명한 『과학 혁명의 구조The Structure of Scientific Revolutions』다.

어린이 시절, 내가 새로운 문화를 접하는 창구 역할을 해주던 사람은 이모였다. 주로 문학과 음악에서 그랬다. 이모네 집에 놀러 가서 내가 가장 먼저 달려가는 곳은 이모 방의 책장. 마치 서점에 입고된 신간을 살피듯, 이모가 사둔 책과 앨범들을 찬찬히 뜯어보며 혼자서 한참을 꺼내 읽고 또 듣는 것이 여덟 살 수민이의 낙이었다. 그중에는 god의 초기 앨범들도 있었다. god의 2집을 CD 플레이어에 넣고 앨범 커버를 꺼내 가사를 보며 전곡을 주욱 플레이하다가, 수록곡 중에서도 '사랑해 그리고 기억해', '애수' 그리고 'Friday Night'를 특별히 몇 번 더 반복해서 재생하던 기억은 아직도 내게 선명한 잔상으로 남아 있다.

'거짓말'로 대히트를 치고 나서 god가 발매했던 '길'이 수록된 앨범은 초등학교 3학년이 된 내가 직접 구매한 앨범이기도 하다. 이모 집에 가야만 들을 수 있는 게 아니니 그야말로 수록곡들을 통째로 외울 만큼 많이 들었다(그 당시 이 앨범을 무한히 재생했던 것이 나뿐만은 아니었던 듯, 몇 년이 흘러 중학생이 된 후에도 내 또래 친구들 모두가 이 앨범의 수록곡들을 제목만 대면 자동으로 부르더라는 후문). 사실 이 앨범의 수록곡들은 하나하나가 주옥같은데, 그중에서도 타이틀곡인 '길'은 누구나가 살면서 한 번쯤 해볼 자기 인생의 길에 관한 고민을 솔직하고 담담하게 가사로 담아냈다는 점이 인상 깊다. "내가 가는 이 길이 어디로 가는지 어디로 날 데려가는지 그곳은 어딘지 알 수 없지만…" 그래서인지 열 살도 안 된 꼬마일 때 들었던 것과 20대 후반이 되어 듣는 지금, 분명 똑같은 가사지만 다가오는 느낌이 제법 다르다.

성인이 되어가면서 다들 한 번씩 나의 길은 무엇일까라는 고민을 하게 된다. 어려서부터 으레 몇 번씩은 해보는 적성검사도 모두이 '길'을 찾기 위해 실시하는 것이라 해도 과언이 아니다. 수많은 가능성 중에 내가 가장 걷고 싶은 길을 찾고, 그 길이 끝나는 곳에서 기다리는 성공을 향하여 꾸준하게 걸음을 내딛는다. 이건 우리가 가진 '나만의 길'에 관한 일종의 신화 내지는 환상이라고 할 수 있을지도 모른다. 더구나 주변의 '영앤리치'들을 보면 대부분 어린 나이부터 자신의 길을 찾고 그 길을 걷는 데 전념해온 사람들이다. 사람이라면 누구나 한 살이라도 어릴 때 성공을 이루고 싶은 게 인지상정. 그래서 나도 의욕이 불타오른다. 내 길을 찾기 위해서.

그런데 내게 맞는 길을 찾는다는 것이 그리 쉽지만은 않다. 나에게는 특히나 어려운 과제였다. 이 길이 내 길인가 싶으면 금세 진로가 바뀐다. 바뀐 방향으로 다시 걸어가야지 하고 있으면 또다시 핸들이 꺾인다. 나이는 점점 먹어가는데 나는 아직 내가 걸어가야 할 길이 무엇인지조차 모르겠다. 자꾸만 미래에 조바심이 든다. 이러다가 '영'은 둘째 치고 '리치'도 못 되는 거 아냐?

·   (·

길을 찾는 일이 어려웠던 까닭인즉슨, 내가 어렸을 때부터 정말 많은 분야에 흥미를 가지고 몰두하곤 했던 탓이다. 흥미의 대상들은 서로 전혀 연관이 없는 경우도 있었고, 오늘의 관심사가 내일의 관심사일 거라는 보장도 없었다. 외국어만 해도 그렇다. 시작은 영어였다. 어려서부터 친구들이랑 노는 대신 집에서 영어로 된 비디오를 본 탓일까. 처음 영어학원에서 영어를 배우기 시작한 그 순간부터 영어는 내게 흥미롭고 재미있는 것이자 잘할 수 있는 것이었다. 그러니 좋아질 수밖에 없었다. 누가 시키지 않아도 교재를 사다가 공부하고, 혼자서 스크립트를 따라 읽고, 동방신기 대신 힐러리

더프 음악을 듣는 식이었다. 그래서 영어가 나의 길이라는 확신이 생겼냐 하면, 그렇지 않았다. 앞서 말했다시피 이건 시작일 뿐이었다.

영어보다 훨씬 뒤늦게 공부하기 시작했지만 나의 길 후보로서 급부상한 언어 중에는 일본어도 있다. 어릴 때부터 일본 문화가 친숙했던 만큼 언어에도 관심이 많았지만 본격적으로 공부를 시작한 것은 대학교 3학년 무렵이었다. 당시 나는 EBS에서 방송하는 라디오 강의를 들으며 공부했는데 이 강의의 본방송이 아침 5시라는 게 큰 난관이었다. 아침잠이 많아 웬만해선 아침 일찍 일어나지 못하는 내가 무슨 열정에 불타오른 것인지 기어코 알람을 맞추어 5시에 일어났다. 그러곤 비몽사몽간에 일본어 공부로 하루를 시작하는 것이다. 일본어는 배울수록 그 매력이 느껴지는 데다가 일상에서 활용도도 높아 실력도 금세 늘었지만, 그렇다고 일본어를 나의 길로 삼는다는 것은 어딘가 부족한 느낌이 들었다. 그보다 쟁쟁한 후보들이 많았기 때문이다.

나는 대학교에 과학교육 전공으로 입학했다. 수학에는 별로 자신이 없었는데도 굳이 이과 공부를 하겠다고 선택한 이유는 오로지 과학이 좋아서였다. 그중에서도 고등학생이 되어서 특히 좋아진 것은 지구과학. 어렸을 때부터 과학키트 조립대회니 하는 대회에 참가한 적도 여러 번인데, 그보다 내가 좋아했던 것은 암석들이었다. 초등학교 과학 시간에 현미경으로 초파리를 관찰한 것이 인상 깊어 매일 초파리를 그리던 날도 있었다. 그런데 그보다는 천체를 관찰하는 것이 좀 더 좋았다. 그 덕에 대학에 들어와 듣게 된 전공과목 중 '물화생지'의 '물화생'은 버려도 '지'만큼은 열심히 했다. 하지 않아도 되는 추가 과제까지 그야말로 열정 하나로 해내면서 말이다.

그렇다고 대학 입학 전까지 얌전히 공부만 한 것은 아니었다. 고등학교 때에는 피아노를 전공하겠다고 떼를 썼다. 어릴 때부터 배운 피아노였지만 전공 제의만은 항상 거절하곤 했는데, 막상 고등학생이 되니 갑자기 미련이 생긴 것이다. 덕분에 나는 한동안 예체능 전공 학생으로 분류되어 야간자율학습을 하지 않아도 되었다. 대신 보충수업만 마치고 저녁 급식은 스킵한 채로 피아노학원에 갔다. 아주 집중해서 치는 순간에는 눈이 건반도 아니고 악보도 아닌, 그 어딘가 중간을 보게 되는데 이 순간이 아주 기분이 좋다. 레슨을 받을 때면 홀에 있는 그랜드 피아노를 치는데 여름 저녁에는 종종 현관문을 열어놓기도 했다. 어둑어둑해지는 여름밤 거리로 울려 퍼지는 내 피아노. 이럴 때면 내가 치는 건반으로부터 색색의 음표들이 튀어나와 밖으로 흘러나가는 환상이 보였다. 기분도 환상적이라는 것은 말할 것도 없을 터.

그러나 과학 이야기에서 언급했듯, 나는 결국 피아노 대신 수능을 보고 대학에 갔다. 피아노보다는 과학이 더욱 나의 길이라고 느꼈기 때문이다. 하지만 그렇게 정해진 과학이라는 길을 계속해서 나의 길로 두고 걸어갔다면 지금 이 글은 쓸 일이 없었을 것이다. 또다시 진로 변경. 이번엔 철학이 나의 길인가 보다 하고 철학 공부를 시작했다. 당시 사범대에서 인문대로, 그중에서도 철학과로 전공을 바꾸려 하는 나를 두고 주변에서 걱정의 시선이 많았던 것은 사실이다. 하지만 철학 공부에서 다른 공부에서는 느끼지 못했던 재미를 느끼고, 또 잘 나온 성적들로 자신감이 좀 붙어 있던 나는 이제야 진짜 길을 찾았다는 생각에 오히려 안심이 되는 마음이었다.

그리고 그 아이는 5년 후 글 쓰는 것으로 먹고살게 되는데… 이쯤 되면 길 찾기가 결코 끝내지 못할 과제처럼 느껴지는 나의 마음을 이해할 것이다. 한 분야 안에서도 관심 대상이 여럿인데, 관심이 가는 분야마저 여럿이다. 그리고 그 분야끼리 뚜렷한 공통분모가 있다는 생각도 들지 않는다. 이래선 길이 되지 않는다. 그냥 마구잡이의 연속 아닌가. 일단 어딘가 길 위에 서 있어야 그 길을 걸어가며 발전을 하든 뭘 하든 할 텐데, 내 인생은 그저 서로 상관없는 주제들이 랜덤으로 바통 터치를 하는 느낌이다.

(

과학 이야기가 나왔는데 과학철학 이야기가 빠질 수 없다. 과학 내용을 다루는 것은 과학이라는 학문이 하는 일이지만, 과학이라는 학문 자체에 관해 묻는 것은 철학이 하는 일이다. 그리고 그러한 철학 분야를 과학철학이라고 부른다.

우리는 흔히 과학이 점진적으로 발전한다고 생각한다. 화학이면 화학, 물리면 물리. 특정한 분야의 한 주제를 두고 다수의 이론들이 서로 꼬리에 꼬리를 물고 반박하며 보완하는 과정을 거쳐 진리에 한 걸음씩 가까이 다가간다고 믿는 것이다. 그렇기 때문에 이전의 이론보다 나중의 이론이 세상을 좀 더 정확하게 설명한다. 이러한 관점에서 과학을 바라보는 건 거의 우리의 '상식'이라고 할 수 있을 정도로 익숙하다. 우리가 익히 알고 있는 물리학에서 뉴턴과 아인슈타인의 이론도 딱 이런 관계라고 할 수 있다. 아인슈타인의 상대성이론은 뉴턴의 고전 물리학으로부터 많은 것을 이어받으면서도 뉴턴 물리학에 포함되었던 오류를 바로잡아 훨씬 정확한 이론으로 만들어졌다.

이론들 사이의 상호작용과 그로 인한 점진적인 발전. 지극히 상식적으로 보이는 이러한 관점에 반기를 든 사람이 있다. 바로 토머스 쿤이다. 쿤은 '패러다임 이론'이라는 신박한 이론으로 과학철학계에 큰 파장을 몰고 왔다. 그는 과학이론이 서로 반박하고 보완하는 과정이 누적되면서 과학의 발전을 이끈다는 관점을 거부한다. 대신 현실을 더 잘 설명할 수 있는 세계관으로 '패러다임'이 교체되는 것이 곧 과학 혁명이라고 설명했다.

이러한 관점에 따르면 아인슈타인 이론은 뉴턴 이론을 계승한 것이 아니다. 다만 과학의 패러다임이 뉴턴 이론에서 아인슈타인 이론으로 바뀌었다고 표현해야 한다. 처음에는 별문제 없었는데, 우리도 지식이 꽤 쌓이다 보니 원래 우리가 기본적인 체계로 삼고 있던 뉴턴 이론 안에서 이 세계를 설명하기에는 잘 맞지 않는 부분이 점점 늘어났다. 기존 과학 체계에서 변칙적인 경우가 너무 많이 발생한 것이다. 그런데 이때 아인슈타인 이론이 등장한다. 기존의 뉴턴 이론보다 변칙적인 경우가 현저하게 적으면서 이 세상을 훨씬 잘 설명한다. 어머, 이건 사야 해! 그래서 패러다임이 교체shift된다. 이제 우리에게 기준이 되는 과학 체계는 아인슈타인의 상대성이론으로 설정된다.

이제 우리는 상대성이론이라는 패러다임, 즉 과학적 체계 안에서 과학 활동을 해나간다. 상대성이론이라는 체계 안에 있으니 일단 모든 것의 기준은 상대성이론이 된다. 내가 한 실험 결과가 상대성이론과 맞지 않는다면, 아인슈타인을 의심하기보다는 내 실험에 문제가 없는지를 의심해보는 것이다. 내가 실수를 해서 패러다임에 부합하지 않는 결과가 나온 것이라면 그 실수를 수정하면 되지만, 만약 나는 실수를 하지 않았는데 여전히 패러다임에 결과가 부합하지 않는다면? 뭔가 이상하다. 한두 번은 그냥 넘어간다 치더라도, 이런 이상한 결과가 여러 번 반복되면 이제 패러다임 자체를 의심할 수밖에 없다. 그리고 우리가 사는 세계를 기존의 아인슈타인 이론보다 예외가 적게 설명해줄 수 있는 새로운 세계관이 나타난다면, 우리는 다시 한 번 패러다임을 교체한다.

이렇게 패러다임 이론이 전환되는 것이 전통적인 꼬리잡기식 과학 발전과 뭐가 그리 다른지 잘 와닿지 않을 수도 있다. 하지만 패러다임의 전환은 애초에 과학 이론들이 꼬리잡기가 불가능하다고 상정한다. 서로 너무도 다른 개념을 사용해 각자 너무도 고유한 세계관을 만들어내는 바람에 이론끼리 상호작용을 할 수가 없다는 것이다. 실제로 뉴턴 이론과 아인슈타인 이론에서 모두 동일하게 '중력'이라는 용어가 등장하지만 그 용어에 연결된 개념은 전혀 다르다. 뉴턴 이론에서는 중력이 일종의 힘으로 설명되지만, 아인슈타인 이론에서 중력은 공간의 모양을 변화시킴으로써 물체의 운동 형태에 영향을 주는 것으로 설명된다. 이처럼 패러다임의 교체는 한 개념 체계 내에서 이론만 바뀌는 것이 아니라, 개념 체계 그 자체가 변하는 것이다. 개념적인 체계 자체가 다르면 비교하기도 마땅치가 않다. 그래서 지금 패러다임이 된 이론이 앞선 패러다임 이론보다 더 진보했다거나 더 우월하다고 할 수도 없다. 그저 세계를 설명할 때 이전 패러다임보다 변칙적인 경우를 덜 만들어낼 뿐이다.

따라서 쿤이 바라보는 과학은 '진보'라는 하나의 길을 점진적으로 따라가며 진리에 가까이 가는 것이 아니다. 그저 서로 관계없는 이론들이 우리의 개념 체계인 패러다임을 교체해나가는 '과학 혁명'이 있을 뿐이다.

고등학교 1학년 때까지만 해도 스마트폰이라는 단어를 상상조차 못 했는데 대학교 1학년이 되고 나자 모두가 스마트폰을 손에서 놓지 못하는 세상이 되었다. 그걸 보며 과학기술이 참 빠르게 발전한다는 걸 실감했는데, 만약 쿤의 말이 맞는다면 이건 과학이

한길을 따라 걸으며 꾸준히 발전한 결과가 아니다. 랜덤 이론들이 시대의 요구에 맞춰 패러다임을 교체해나간 결과로 우리 과학이 지금 모습을 이루었다면, 내 인생에서도 굳이 하나의 길을 찾아 걸어 나갈 필요는 없지 않을까? 아무 상관도 없는 관심사들 사이를 부유하며 여기저기 몰두하느라 시간 낭비를 하는 것처럼 보인다 해도, 종국에는 이 또한 충분히 좋은 결과를 얻을 수 있는 것이 아닐까.

그래서 이런 생각이 드는 것이다. 내가 찾아야만 한다고 생각했던 나의 길이, 사실은 '길'이 아닐지도 모른다고. 대신 '내 인생의 패러다임'이라는 것이 있고, 그 자리를 각종 분야가 채우고 또 빠져나가고를 반복하는 것이 아닐까. 그렇다면 굳이 하나의 길을 찾지 않아도 좋은 것이다. 실제로 28년 남짓 살아온 시간 동안 별다른 연결고리가 없는 듯 보이는 다양한 관심사들이 내 인생에서 연이어지며 만들어낸 결과는 나름대로 마음에 든다. 한 가지 단점이 있다면 내 인생의 다음 화두가 무엇이 될지 도통 짐작하기 어렵다는 것 정도일까. 내게 꼭 맞는 하나의 길을 걸어가며 앞으로의 발전 과정을 예상해보는 기쁨도 분명히 값질 테지만, 기대 없이 맞이한 좋은 결과가 더욱 기쁠 때도 있는 법이다. 이왕 패러다임 전환식 인생을 택했다면, 길이 없어 다음 발을 내디딜 곳이 도통 짐작

이 되지 않더라도 내 인생의 현재 패러다임에 충분히 집중해보는
것도 좋을 것이다.

인정받기 위해
'노오력'하고 있다면

●

미셸 푸코 Michel Foucault(1926–1984) 『광기의 역사』, 『지식의 고고학』, 『감시와 처벌』, 『성의 역사』 등등. 언뜻 보면 철학자가 아니라 역사학자나 사회학자의 저서 목록 같다. 프랑스 출신의 푸코에게는 실제로 철학자뿐만 아니라 사회학자라는 타이틀도 붙는다. 초기 푸코의 연구는 역사적으로 하나의 개념이 시대별로 다르게 인식되었음을 탐구하는 데 중점을 두었다. 이후 푸코는 시대별로 다르게 구성된 지식 체계가 어떻게 권력과 관계하는지 그리고 권력이 어떻게 그것을 정당화하는지 그 부분에 탐구의 초점을 맞춘다.

토씨 하나 다르지 않은 글인데도 보여주는 사람마다 평가가 다르다. 첫 책을 내기 전, 준비된 원고를 가지고 여러 곳의 출판사와 만나게 됐다. 철학 공부를 하며 느끼는 재미를 풀어놓을 목적으로 혼자 끄적였던 글들이 하나둘 쌓이다 보니 꽤나 두툼해졌기 때문이다. 출판사를 만나기 전엔 미팅 자리에서 바로 읽을 수 있도록 원고 중 두세 꼭지를 인쇄해서 간다. 그리고 미팅이 끝난 후 전체 원고를 전송한다. 물론 매번 같은 꼭지에 같은 파일이다. 그런데도 출판사마다 들려주는 소감이 정말 천지 차이다. 내 글을 침이 마르도록 칭찬을 하는 곳도 있는 반면, 책으로 내기에는 내용이 빈약하다고 하는 곳도 있다. 철학을 설명하는 부분이 더 쉬웠으면 좋겠다고 피드백을 주는 곳도 있고, 오히려 더 깊이 들어갔으면 좋겠다고 하는 곳도 있다. 이런저런 평가가 오가는 가운데, 나는 어디와 계약을 할 것인지는 둘째 치고 참 흥미롭다는 생각이 들었다. 하나의 대상을 두고 이루어지는 평가가 이렇게나 다르다니 하고.

그러고 보니 얼마 전 학교에 찾아갔을 때에는 이런 일도 있었다. 대학원 추천서를 부탁드릴 교수님 중 한 분을 뵙고 돌아오는 길, 교수님은 내게 최대한 많은 곳에 지원해보라고 조언하셨다. 지원비가 만만치 않기는 할 테지만 되도록이면 아까워하지 말고 많은 곳에 지원해보라고. 대학원 입학 허가가 내려지는 가장 중요한 기준은 라이팅 샘플. 내가 제출한 라이팅 샘플을 읽고 교수진이 내가 그 학교에 맞는 학생일지 아닐지 판단하는 것이다. 그러니 어느 학교에서 내 라이팅 샘플을 더 좋게 평가할지 모른다. 낮은 랭킹의 학교에서 별로라는 평가를 내려도 그보다 높은 랭킹의 학교가 오히려 좋은 평가를 내릴 수도 있는 것이다.

일도 공부도 이럴진대 사람 사는 사회라고 다를 게 있겠나. 오히려 사람 사이의 공동체이기 때문에 더욱 이러한 경향이 강한 것 같다. 달라지는 평가에 따른 소속감과 소외감도 훨씬 심하고 말이다. 학교나 회사 같은 조직이든, 친구들이든, 어쩌면 가족이나 친인척이든, 유난히 나를 인정해주는 공동체가 있는가 하면 나를 이상한 사람으로 취급하며 배타적으로 대하는 공동체도 있다. 나는 똑같은 나인데 한 곳에서는 지극히 정상적인 구성원으로서 두 팔 벌려 환영을 받고, 또 한 곳에서는 그 공동체에 어울리지 않는 비정상으로 분류되어 겉돈다.

인간은 사회적인 동물이니만큼 누구나 자신이 속한 공동체에서 좋은 평가를 받고 싶어 하기 마련이다. 그래서 인정받지 못하면 오기도 생긴다. 그래서 처음에는 내가 배제당한 공동체에서도 인정받고 싶다는 마음에 열심히 노력한다. 그들의 규칙을 따르고, 그들이 공유하는 코드는 무엇인지 파악하려 한다. 그러나 인정받기 위해서 억지로 하는 '노오력'이란 사람을 지치게 하는 법이다. 나의 본성과 반대되는 방향으로 노력해야 할 때에는 더욱 그렇다. 결국 공동체에서 인정받기도 전에 나가둥그러지기 일쑤다. 쓰러져서 생각한다. 정말 내가 이상한 걸까? 나와 비슷한 생각을 하고 나와 같은 것을 좋아하는, 내가 하는 행동이 당연한 것으로 분류되는 곳이 어디 다른 곳에 있지 않을까?

철학자 중에는 논리적인 관계만을 근거로 하여 자신의 주장을 펼쳐나가는 사람도 있지만, 미셸 푸코처럼 사회적이고 역사적인 요소를 이용해 철학 문제에 답하고자 하는 이들도 있다. 푸코는 90년대 프랑스에서 활동한 철학자인데, 그의 이름 앞에는 철학자뿐만 아니라 사회학자나 역사가라는 수식어도 붙는다. 푸코가 사회에 관심을 두고 연구할 수밖에 없었던 이유가 있다. 그는 동성애자였던 것이다. 동성애가 '비정상'이라고 배척받는 사회에서 동성애자로 산다는 것은 그야말로 아웃사이더의 삶이었다. 공동체 안에서 인정받지 못하고 겉돈다. 자신이 속한 사회에서 좀처럼 마음 둘 곳을 모르던 푸코는 그래서 궁금해졌다. 원래 다 이런 것인지. 동성애 성향을 가진 나는 언제 어디서나 비정상일지.

그래서 역사책을 좀 훑어봤다. 그런데 신기하게도 동성애를 바라보는 시선이 시대별로 달라져온 게 아닌가! 푸코의 동성애 성향은 그가 살던 90년대 프랑스 사회에서 결코 인정받지 못할 것으로, 비정상적이고 교정되어야 할 것으로 여겨졌다. 그러나 시간을 거슬러 올라가 고대 그리스 시대로 눈을 돌려보면 전혀 반대의 시선을 발견할 수 있다. 고대 그리스 시대에는, 지금 보기엔 충격적이게도 스승 역할을 하는 성인 남성과 제자인 어린 소년 사이의 동성애가 당연한 듯 벌어졌다. 심지어 플라톤은 이러한 스승과 제자 사이의 동성애를 두고 순수하게 정신적인 목적만을 추구할 수 있는 우월한 형태의 사랑이라며 찬양하기까지 했다.

만약 푸코가 현대 프랑스가 아니라 고대 그리스에서 태어났더라면 자신의 동성애 성향으로 인해 고민할 일이 덜했을 것이다. 이런 걸 보면 지금 이 사회에서 '정상'이라고 설정된 것이 과연 절대적인 것인지 의심이 간다. 그래서 푸코는 역사 연구를 시작했다. 그 결과 시대별로 정상과 비정상의 기준을 만들어내는 사회의 지식과 사고 체계가 변한다는 것을 깨달았다. 이 체계를 푸코는 '에피스테메Episteme'라고 칭한다. 푸코에 따르면 시간과 장소에 따라 에피스테메는 달라지고, 그 결과 동일한 대상을 두고도 시대와 장소에 따라 다르게 평가하고 받아들여진다.

생각해보면 여자라는 존재도 에피스테메에 따라 다르게 인식되어온 존재가 아닐까 싶다. 고대 그리스 사회에서 여자는 시민 취급도 못 받았다. 당시에는 여자와 노예를 같은 선상에 두고 보는 게 당연했다. 본격적으로 여자에게 투표권이 주어지기 시작했던 1900년대 근대 사회에서 여자는 시민에 속하기 시작했을지언정 어디까지나 남자의 부인으로서, 아이의 엄마로서 가정 내에 위치하는 게 당연한 존재였다. 60~70년대 미국에서 페미니즘 논의가 활성화되기 시작하면서 여자라는 존재를 어떻게 바라봐야 당연한 것인지도 계속해서 변화하고 있다.

에피스테메가 시간뿐만 아니라 공간에 따라서도 달라진다는 사실은 시선을 살짝만 옆으로 돌려봐도 알 수 있다. 우리는 지금—아직까지는 극히 일부에 한한 이야기일지라도— 평가의 의미가 담겨 있는 "예쁘다"라는 말이 실례가 되는 사회에서 살고 있지만, 일본에서는 아직까지 '여자력'이라는 말이 일상에서 아무렇지 않게 쓰인다. 레이스가 잔뜩 달린 옷을 입으면 여자력이 높아질 것 같다느니, 요리를 못해서 여자력이 제로라느니 하면서 우리가 지난 세대의 에피스테메로 삼으려고 하는 체계 안에서 여자가 요리를 잘하고 예쁜 옷을 입는 것이 당연하다고 인식한다.

푸코는 이처럼 사회마다 에피스테메가 다른 이유를 그 사회의 권력이 갖는 이해관계가 다르기 때문이라고 설명한다. 우리가 현대사회로 접어들며 잔혹한 형벌을 금지한 건 인간이 잔인함을 멀리할 수 있도록 계몽되어서가 아니다. 여기저기 피도 튀니 처리하기도 귀찮고, 사람들이 형벌을 받는 사람들을 보고 안쓰럽게 여기면 오히려 권력계층에게 불리해지니까 더 이상 안 하는 것뿐이다. 권력자들은 여전히 우리를 지배하고 있지만, 자신들에게 보다 이로운 결과가 나오도록 그 방법을 바꾸었다. 이와 같은 새로운 방법이 도입될 때에는 언제나 반발이 있기 마련이다. 그래서 사람들이 최대한 새로운 방법을 '당연한 것'이라고 느낄 수 있게끔 만들어야 한다. 그 전략으로서 가장 효과적인 것이 바로 에피스테메를 바꾸는 것. 새롭게 도입된 것이 '정상'으로 설정되는 에피스테메로 바꾸는 것이다. 인식 체계를 뜯어 고치기 위해 권력은 방송으로, 교육으로, 법으로, 잔인한 형벌이 얼마나 비인륜적인지 선전한다. 이제 우리의 에피스테메 안에서 정상적인 형벌이란 자고로 인륜적인 방법을 취해야 한다. 사람을 직접 때리거나 베는 것은 야만적이기 짝이 없다. 그건 비정상이다.

푸코는 결론적으로 이러한 권력과 그 권력이 설정한 사고 체계가 쉴 새 없이 인간을 억압한다고 주장한다. 그렇다. 지배하는 위치가 아니라 지배당하는 위치에 있는 건 언제나 피곤한 법이다. 내 몸에 맞춰서 만들어진 옷을 입고 움직이는 건 편안하지만 사이즈도 안 맞는 옷에 내 몸을 구겨 넣는 건 숨쉬기조차 힘든 일이니까. 또한 푸코는 그 옷이 얼마나 '부자연스럽게' 만들어졌는지를 소리 높여 말하기를 촉구한다. 사회에서 정상이라고, 바람직하다고 설정된 것은 결코 절대적인 것이 아니며, 어디까지나 이해관계에 의해 설정된 것일 뿐이라고 말이다.

푸코는 사회 속의 '정상'이라는 옷이 얼마나 부자연스러운지 폭로하고 그 옷으로 가려지지 않은 맨몸으로 진실을 말하라고 한다. 하지만 아직 그 옷을 벗어버릴 수 없는 형편이라면 기왕이면 다홍

치마, 일단 최대한 내 사이즈에 맞는 옷을 찾아 입는 방법도 있지 않을까. 친목을 위한 작은 공동체부터 사회 그리고 국가까지, 한 커뮤니티에서 바람직하다고 일컬어지는 정상의 기준은 그곳에서 권력을 쥐고 있는 이들에 의해 자의적으로 설정된 것뿐이지 결코 시공간을 넘어 절대적인 것이 아니다. 내가 받아들여지는 방식은 시간과 장소에 따라 달라진다. 지금 내가 속해 있는 곳에서 받는 평가가 반드시 다른 곳에서 내가 받을 평가와 같다는 걸 의미하진 않는다.

그러니 아무리 노력해도 인정받지 못하는 공동체에서 '인싸'가 되기 위해 노력하고 있다면 과감히 나와버리는 게 낫다. 아쉽지만 나의 노력 여하와 관계없이 나를 받아들일 준비가 되어 있는 곳이 있고 그렇지 않은 곳이 있는 것이다. 그쪽의 권력이 설정해둔 기준에 나는 포함되지 않는다는데 어떡하겠나. 어쩌면 나는 옆 동네 권력층의 이해관계에 더 잘 맞아떨어질지도 모른다. 그렇다면 '지금 여기'서 고전하고 있다고 한들 너무 상심하지 않아도 괜찮지 않을까. '어느 다른 곳'에서는 전혀 다른 평가를 받을 수도 있다. 나를 두고 내려지는 평가의 기준은 결코 절대적인 게 아니니까 말이다.

다만 그러한 와중에도 에피스테메 밖의 진실을 보려는 노력은 게을리하지 말아야 한다. 임시방편으로 빌려 입은 옷이긴 하지만,

언젠가 벗어 던질 날이 오게 될 것이다. 무엇보다 우리는 '여자'로서 충분히 경험하지 않았는가. 당연함이라는 말로 입혀진 그 옷이 얼마나 불편한지. 그러니 끊임없이 의식하고 있어야 할 이유는 충분하다. 나를 환영해주는 공동체에서도, 그렇지 않은 공동체에서도, 지금 당연한 듯 정상이라고 받아들여지는 것들이 어쩌면 전혀 당연한 게 아닐지도 모른다는 것을 말이다.

잘하려고 애쓰지 말고
흐름에 몸을 맡겨봐

_노자의 도

●

노자老子(기원전 5~6세기?) 생몰 시기가 불분명한 것은 물론이고 실제로 노자라는 사람이 존재했는지 논쟁이 일 만큼 명확히 알려진 바가 없는 미스터리의 인물이다. 추정컨대 춘추시대 사람이며, 이름은 이이李耳였다고 한다. 노자의 핵심 사상은 '도道'라고 할 수 있는데, 그래서 노자의 사상과 관련된 학파와 종교에도 '도' 자가 포함된다. 노자의 사상을 비롯하여 장자의 사상을 함께 묶어 후대에 '도가'라는 학파로 분류하였고, 이들의 사상을 바탕으로 파생된 종교를 도교라고 부른다.

〈우리의 20세기〉라는 영화를 본 적이 있다. 원제는 〈20th Century Women〉. 제목부터 대놓고 여자를 내세우고, 내용에도 굉장히 페미니즘 요소를 많이 포함하고 있는 영화인데 어째서 한국판 제목은 저렇게 중립적으로 번역되었는지 모르겠지만, 어쨌거나 이 영화에서는 70년대를 살아가는 중년, 청년, 소녀의 세 여자가 주인공이다.

이 중 중년의 주인공인 도로시아는 남편과 이혼한 후 열다섯 살짜리 아들 제이미를 홀로 키우고 있는 싱글맘이다. 그렇지 않아도 아빠 없이 자라는 제이미에게 뭔가 문제가 있으면 어떡하나 안절부절못하는 도로시아에게 어느 날 한 가지 사건이 일어난다. 제이미가 그 당시 친구들 사이에서 유행하던 기절 놀이Fainting Game를 하다가 30분 정도 기절 상태에서 깨어나지 못해 응급실에 실려 가게 되었던 것이다. 그리고 그는 이로 인해 인생의 전환점이 되었다고도 할 수 있는 충격을 받게 된다. 바보 같은 장난에 아들을 잃을 뻔한 도로시아의 마음은 물론 말로 할 수 없을 정도일 터. 왜 그런 장난을 쳤느냐고 다그치는 도로시아에게 제이미는 별 뜻 없이 그냥 재미로 한 일이라며 짜증을 내더니만 엄마야말로 왜 맨날 걱정만 하며 그렇게 슬프게 사냐고 되레 큰소리를 친다.

기절 사건의 당사자인 제이미는 딱히 무슨 이유가 있어서 그런 장난을 한 게 아니라고 했지만, 도로시아의 생각은 그렇지 않았다. 도로시아는 제이미가 그토록 위험한 장난을 친 건 성장하는 데 제대로 된 롤모델이 없어서일 거라고 판단했다. 그리고 롤모델의 부재는 자신의 이혼이 원인이라고 분석한다. 자신을 대하는 제이미의 태도가 점점 무뚝뚝하게 변해간다는 생각이 이러한 판단과 분석을 확신으로 바꾸어주었다. 결국 도로시아는 주변에 도움을 요청하기로 했다. 그리고 자신이 평소 달가워하지 않았던—그래서 자신이 이런 부탁을 할 거라곤 생각지도 못했던— 나머지 두 명의 여주인공에게 제이미의 성공적인 성장을 위해 도와달라고 부탁한다.

영화를 보는데 이 대목에 내 청소년 시절이 오버랩되었다. 나는 기절 놀이 같은 걸 하진 않았지만, 별생각 없이 위험한 장난을 쳤다는 제이미의 마음이 이해가 갔기 때문이다. 그리고 그걸 바라보며 이런 문제 행동을 한 데에는 분명 원인이 있는 거라고, 상황을 타개하고자 이리저리 애쓰던 우리 엄마는 도로시아에게 공감할 수 있지 않을까 싶었다.

제이미가 기절한 날 벌어진 일들은 도로시아가 생각하는 것과 달리 정말로 별 의미가 없을 수도 있다. 어린 나이엔 누구나—사실 어리지 않더라도— 스스로도 왜 그랬는지 알 수 없을 만큼 바보 같은 일을 하고 후회할 때가 있지 않은가. 무심결에 주위에 휩쓸려 평소에 안 하던 행동을 하기도 한다. 내가 하는 일들에 항상 특별한 의도가 들어 있는 것은 아니다. 가끔은 분명 옳은 일이라고 생각해서 했던 일이 나중에 보니 전혀 생뚱맞은 결과를 불러올 때도 있다. 특별한 의도를 가지고 한 일이어도 그 결과마저 내 의도와 똑같이 나올 거라는 보장은 없다.

하지만 그런 결과들을 바라보는 부모님 마음은 그렇게 무사태평하지 못할 것이라고 짐작해본다. 그 무엇보다도 아이가 문제없이 성장하기를 바라는 부모 입장에서, 아이 주변에서 조금이라고 심상치 않은 일들이 벌어지면 당연히 노심초사하게 될 것이다. 영화 속 제이미도 실제로 큰 문제 없이 잘 성장해나가고 있다. 오히려 또래 남자 아이들보다 훨씬 훌륭한 어른이 될 조짐이 보인다. 하지만 제이미를 바라보는 도로시아의 마음속에선 홀로 아이를 키우는 엄마로서의 불안과 걱정이 끊이지 않는다. 그 탓에 별 의미 없는 일들이 도로시아에게는 명확한 문제를 품고 있는 '큰일'이 되어버린다. 덕분에 도로시아가 밤마다 태우는 담배 개수는 늘어만 간다.

다 크고 나니 이제는 더 이상 내가 하는 행동을 두고 하나하나 걱정하는 부모님 잔소리는 없다. 그러나 이제는 내가 나 자신에게 그러한 걱정을 하고 있는 듯한 느낌이다. 나 대신 걱정해주는 사람이 사라지니 괜히 허전한 것일까, 나를 중심으로 벌어지는 일들을 하나하나 뜯어보며 분석하고 그중에서 조금이라도 마음에 걸리는 부분이 있으면 대체 뭐가 문제일까 밤을 새워 고민한다.

이제 성인이니 나 자신을 스스로 책임져야지 하는 마음도 괜히 발동해서, 영 마음과 다르게 흘러간다 싶은 일이 있으면 어떻게든 바꿔보려고 갖은 애를 쓴다. 하지만 내 주위에서 일어나는 일들이 전부 내가 벌인 일들은 아니다. 내가 벌인 일도 컨트롤하기 어려운 마당에 다른 사람의 의지가 개입된 일이라면 내가 암만 애를 쓴다고 될 일이 아니다. 그러니 마음만 타들어가고 고민은 고민대로 하고, 나만 괴롭다.

이런 성과 없는 괴로움을 몇 번 경험하면 바보가 아닌 이상 깨닫기 마련이다. 이런 걱정의 99퍼센트는 쓸데없는 짓이라는 것을. 그렇게 아등바등했는데, 그 몸부림이 쓸데없는 삽질이었다는 것을 깨닫게 되면 그렇지 않아도 녹초가 된 몸과 마음에 그나마 남아 있던 힘마저 쪼옥 빠져나간다. 결국 도달하게 되는 결론은 심플한 것이었다. 과하게 의미부여 하지 말고, 억지로 움직이려 하지 말자. 나의 삶 속에서 일어나는 일들을 아무리 열심히 따져가며 분석해도 실상은 내가 판단한 것과 전혀 다른 것으로 드러날 때도 많고, 딴에는 더 좋은 결과를 내보겠다고 억지로 일을 진행하다가 오히려 일을 그르치기도 한다. 이러고 나서 자포자기의 심정으로 그냥 모든 걸 내려놓았더니 금세 원하는 방향으로 해결돼버려, 너무나 다행이라고 생각하면서도 동시에 그간의 노력이 덧없음을 느끼기도 한다.

　요새는 그나마 이런 짓을 그만둬야지 하고 의식적으로 노력하니 덜하지만, 불과 일이 년 전만 하더라도 나는 이렇게 '사서 하는 걱정'으로 매일 밤을 보내곤 했다. 차라리 그 시간에 잠이나 더 잤더라면 좋았을 것을. 아마 그때 내가 '도道'를 몰랐기 때문일 것이다. 도를 몰랐기에 정도를 모르고 집착했다. 소득 없는 마음고생으로 잠 못 이루던 몇 년 전의 나에게 책 한 권을 추천해줄 수 있다면 나는 노자의 『도덕경道德經』을 권해주겠다.

『도덕경』은 노자가 자신의 사상을 담아 쓴 시詩를 모아둔 시집이라고 할 수 있다. 자신의 글을 통해 노자는 '도'라는 이 세계의 원리를 설명한다. 노자에 따르면, 도란 우주의 본질이자 이 세상 모든 것을 만들어낸 근원이다. 도는 끊임없이 변한다는 것만이 도에서 변하지 않는 사실이라고 말할 수 있을 정도로 내적 운동성에 의해 끊임없이 흐르고 변화해나가며 그 과정 속에서 무엇인가를 계속 생성해낸다. 도의 이러한 생산성 덕분에 천지 만물 또한 탄생하게 되었다. 그래서 이 세상의 모든 것은 곧 도라는 세상의 근본적 원리가 그 자신의 끝없는 작용을 통해 스스로 드러낸 모습이라고 생각할 수 있다.

서양에서도 창조주가 이 세계의 만물을 만들어냈다고 일컫는다. 하지만 서양 기독교의 창조주는 특정한 목적 또는 의지를 가지고 그러한 피조물을 창조해냈다는 점에 주의를 기울여야 한다. 이와 달리 도가 만물을 생성해내는 방식에는 특정한 목적이나 의지가 깃들어 있지 않다. 도는 그저 두루두루 퍼져나가며 끊임없이 변화한다는 자신의 방식대로 운행할 뿐이다. 이러한 도의 작용 방식을 한마디로 정리하면 '스스로自 그러함然'이라고 할 수 있는데, 이것이 바로 '자연'이다. 스스로 그러한 도의 운행 과정에서 만물이 생겨났다. 하지만 이건 일부러 만물을 생성해야지 하고 탄생시킨 것이 아니다. 그저 그냥 생겨난 것들이다.

그래서 도는 자신의 피조물들이라고 해서 특별대우를 해주지 않는다. 그렇다고 차별대우를 하지도 않는다. 그저 별다른 의미를 두지 않고 무심하게 만물을 대한다. 애초에 특정한 목적을 염두에 두고 만물을 생성해낸 것이 아니기 때문에 일률적으로 따라야 하는 절대적 가치도 없다. 절대적으로 좋거나 절대적으로 나쁜 것이 정해져 있지 않다. 도는 별생각 없이 만물을 그러한 모습대로 생성해두었을 뿐인데, 그것을 보고 우리가 자신의 관점에서 이것은 좋고 이것은 나쁘다며 상대적인 판단을 내리는 것이다. 이는 좋음의 이데아처럼 절대적으로 좋은 가치가 존재하며 그것을 알려고 노력해야 한다고 말했던, 서양철학 전통의 뿌리라 할 수 있는 플라톤 철학과 사뭇 다른 모습이다. 이처럼 노자의 도는 서양 사상의 배경을 이루고 있는 요소들과 근본적으로 다른 입장을 취하고 있다.

노자는 『도덕경』에서 다양한 비유를 사용해 도를 설명한다. 이는 도라는 것을 인간의 언어를 사용해 함부로 규정할 수 없다고 생각했기 때문이기도 하다. 인간이 도를 결코 이해할 수 없는 것은 아니다. 우리도 차마 말로 설명할 수는 없더라도 뭔가 어렴풋이 이해할 수 있는 것들이 있지 않은가. 겨울을 보내고 봄을 기다리는 시기, 집을 나섰는데 어느 날 분명히 이전과는 다른 봄기운이 느껴지는 때가 있다. 분명 어제만큼이나 춥고, 갑자기 나무에 새순이 돋은 것도 아니라서 정확히 그 이유를 설명할 수는 없지만 어쨌거나 봄이 찾아왔다는 걸 알게 된다. 도 또한 그렇다. 인간의 인식은 불완전하기에 도라는 세상의 근원적 원리를 전부 깨달을 수는 없음에도 이 세상 안에서 살아가며 우리는 도의 존재와 그 원리를 조금은 알게 된다.

노자가 말하길, 이렇게 도의 원리를 체득한 인간이라면 모름지기 그러한 도에 자신을 맡길 줄 알아야 한다. 그는 바람직한 인간의 모습으로 '무위無爲'와 '불언不言'을 실천하는 사람을 그렸다. 자신이 옳다고 믿는 가치나 자신이 내린 판단이 어디까지나 상대적인 것임을 인지하고, 그렇기에 무엇이 절대적으로 옳다 그르다 따지지 않는다. 이러한 태도가 바로 '불언', 가타부타 얘기하지 않는다는 것이다. '무위'란 무엇인가를 일부러 하지 않는다는 뜻인데, 도가 특정한 것에 얽매이지 않고 그저 끊임없이 변화의 운동을 계속해나가듯 작위적인 행동을 하지 않음을 뜻한다.

삶의 주체로서 책임감을 느끼는 건 좋다. 그리고 그만큼 자신의 삶을 신중하게, 바라는 대로 가꾸어가려는 노력도 더할 나위 없이 좋다. 하지만 그러한 마음은 종종 '무위'와 '불언'에 반하는 행동을 불러일으키기 마련이다. 나를 둘러싸고 벌어지는 일들이 흘러가는 모양새가 마음에 안 들 때도 있다. 계획했던 것과 다르게 흘러가면 불안해지고, 예상치 못한 일이 발생하면 겁이 나기도 한다. 그래서 분명히 문제가 있으리라고, 그렇다면 이게 문제일 거라고 결론을 내린다. 하지만 이것은 어디까지나 나의 입장에서 내린 상대적인 판단일 뿐 그것이 절대적인 사실이라고 할 수 없다. 내가 보기엔 잘못되어가고 있는 일도, 정작 다른 사람이 보면 별문제 없이 진행되고 있는 일일 수 있다. 절대적인 가치란 없다. 각각의 관점만이 존재할 뿐. 그렇다 보니 내가 지극히 상대적인 나의 판단에 의거해서 흘러가고 있는 일의 방향을 억지로 바꿔보겠다고 힘을 쓸 이유도 없다. 내가 아무리 확신 가득한 걱정을 해봤자 도는 그러한 '확신'에 힘을 실어주지 않는다. 상대적 해석에 기반을 두고 해결책을 내놨으니 이것이 절대적인 해답이 되어줄 리는 만무하다. 결국 들인 노력에 비해 별다른 성과도 없이 지쳐서 나가떨어지는 것은 나뿐이다.

이럴 때는 오히려 잠시 손을 놓아야 한다. 내가 타고 있는 도의 흐름을 거슬러 헤엄치려 하지 말고, 그냥 그 물살이 흘러가는 대로 몸을 맡기는 것이다. 상대적 판단과 작위적 노력을 멈추고 그저 세상만사가 흘러가는 흐름에 가만히 흔들리고 있노라면, 내가 구태여 힘을 들이지 않아도 저절로 일이 풀리는 경우가 있다. 결국 성과는 '사서 고생' 대신 '무위자연'이 냈다.

이 세상이 실제로 노자가 말한 것처럼 도라는 원리를 따르고 있다면, 구태여 도의 흐름을 거스를 이유는 없다. 흐름을 거슬러 헤엄치는 건 흐름을 타고 나아가는 것보다 배로 힘들다. 지금 잘되어가고 있는 것일까 하는 고민으로 지쳤다면 가끔은 모든 것을 흘러가는 도에 잠깐 맡겨두는 여유가 필요하다. 내게 일어나는 사건들이 도대체 왜 이런 모습으로 일어났는지, 거기에 숨은 의미는 없는지, 당장은 눈에 보이지 않지만 문제가 있는 건 아닌지. 내가 나서서 만사를 검열하고 초조해하는 대신 자연스럽게 흘러가는 대로 놔두어보자. 이런 모든 문제와 걱정은 어쩌면 나에게만 보이는 것인지도 모른다. 별 뜻 없이 흘러가는 일들일 뿐인데 내 눈에만 티끌이 확대되어 보이는 것일 수도 있다. 어차피 무심하게 흘러가는 세상. 나의 상대적인 판단과 작위적인 노력이 변화를 이끌어내기는커녕 단순한 '삽질'로 끝나게 되어 있다면, 잠시 세상이 흘러가는 흐름에 몸을 맡기고 느긋하게 상황을 관조하는 것도 좋을 것이다.

내일은 해가
서쪽에서 뜨지도 몰라

_흄의 귀납

●

데이비드 흄 David Hume(1711-1776) 현재 흄이라는 철학자를 두고 내려지는 평가
가 무색하게도, 살아생전 흄의 철학자로서 커리어는 잘 풀리지 않았다. 그가 내
놓은 철학책은 좋은 평가를 받지 못했고, 결국 철학 교수 자리를 구하는 데에도
실패했다. 대신 이후 집필한 『영국사』가 주목을 받기 시작하며 흄은 역사가라는
타이틀을 달고 명성을 얻기 시작한다. 경험주의 철학자인 흄은 우리가 갖는 지
식이란 경험에 근거를 둔 관념들이 연합된 것이라고 말하며, 자연의 절대적인
법칙처럼 보이는 것도 결국은 우리의 경험만을 그 근거로 삼고 있기에 그 절대
성이 정당화될 수 없다고 이야기한다.

20대와 30대의 해외 취업률이 지난 3년 새 두 배 가까이 늘었다는 기사[*]를 보았다. 기사에는 그 이유로 국내에서의 취업을 용이하게 할 경험을 쌓거나 국내 취업에 실패한 후의 차선이 아닌, 애초에 '다른 나라에서 살고 싶어서'라고 답한 비율이 눈에 띄게 늘었다는 내용도 함께 실려 있었다.

살기 힘든 대한민국이라며 '헬조선'이라는 자조적 명칭이 유행한 지도 벌써 몇 년째다. 단어에서 배어 나오는 과격함은 사람들 대부분이 지금 한국에서 살고 있는 상황에 불만족하고 있음을 함의한다. 이 헬조선에서 떠나는 행위를 '탈조선'이라고 부르는데, 탈조선은 마치 "로또 1등 당첨되게 해주세요."처럼 요즘 사람들이 갖는 하나의 막연한 희망으로 자리 잡았다고 해도 과언이 아니다.

---

[*] "서울이 싫고, 한국이 싫어"…떠나는 청년들 [심층기획—'서울공화국'의 젊은 이민자들], 김민순, 세계일보, 2020.01.07.

흥미로운 것은 헬조선에서 사는 자신의 상황을 타개할 해결책으로 그곳에서 탈출하는 것을 선택했다는 점이다. 그곳을 변화시키는 것이 아니라 말이다. 살고 있는 집 한쪽 벽면에 곰팡이가 피었다면, 그걸 이유로 모든 짐을 둘러메고 이사를 가는 것보단 그냥 곰팡이 제거제를 사다가 곰팡이를 없애버리는 게 쉬운 방법이다. 그런데 집 구석구석 전부에 문제가 있다면 이야기가 다르다. 보일러가 터지고, 마룻바닥이 들리고, 창문은 외풍이 심하고, 수도관은 동파하고, 비가 올 땐 천장에서 물이 샌다. 이런 경우라면 고장난 부분을 일일이 고쳐서 살 만한 상황이 아니다. 이런 집은 구제가망성이 별로 없다. 차라리 이사 비용이 들더라도 더 나은 집으로 이사를 가는 것이 낫다.

헬조선의 변화가 아니라 헬조선으로부터 탈출을 꿈꾼다는 것은 그래서 의미하는 바가 크다. 사람들은 이곳이 더 나은 곳으로 변화할 가망이 없다고 보는 것이다. 그래서 차라리, 거의 인생을 새로 시작해야 하는 수고를 감수하고서라도 아예 떠나버리는 편을 꿈꾼다. 물론 사람들도 이곳을 벗어나 정착한 다른 곳이 365일 무지개가 떠 있는 행복의 나라일 거라고 생각하진 않는다. 헬조선에서 살아온 짬밥이 있는데, 그 정도로 순진하진 않다. 세상 어느 곳이건 그 나름의 고충과 벽이 있으리라는 것은 충분히 알고 있다.

다만 답답하니까 말해보는 거다. 탈조선하고 싶다고. 여기서 더 나아질 가능성이 안 보이는, 결코 변하지 않을 것 같은 이 세계에서 탈출하고 싶다고.

$$($$

내가 처한 상황이 너무 막막할 땐 시야를 넓게 하고 상황을 바라보는 것이 효과적이다. 지금 있는 이 사회가 너무 싫고 딱히 벗어날 방법도 없다면 일단 아주 높은 곳으로 올라갔다고 가정하고 시야를 확장해보자. 한국이 손바닥만 하게 보일 정도까지 올라갔다면 이제 거기서 좀 더 높이 올라간다. 전 세계가 한눈에 보이고 마침내는 지구가 시야에 들어올 때까지.

한국 사회에도 영영 변하지 않을 것만 같은 룰이 있지만, 사실 알고 보면 인간 사회에만 그러한 룰이 있는 것은 아니다. 전 지구를 통틀어 적용되는 룰도 있다. 우리가 어릴 때부터 익히 배워왔던 자연의 법칙이 바로 그렇다. 사과를 던지면 반드시 아래로 떨어진다고 하는 중력의 법칙, 해가 동쪽에서 뜨고 서쪽에서 지게 만드는 지구의 자전. 이렇게 스케일이 큰 예시가 아니라도 좋다. 많이 먹으면 살이 찐다든지(어쩜 그리도 예외가 없는지), 사람의 몸은 영양분을 받아들이지 않으면 죽는다든지(그러니까 먹는 겁니다) 하는 생활밀

착형 법칙들도 있을 것이다.

이런 법칙들은 우리가 언제나 참이라고 받아들이는, 일종의 진리다. 우리는 아침이 되면 당연히 해가 동쪽에서 떠오를 거라고 생각한다. 저녁이 되면 해가 서쪽으로 질 거라고 생각한다. 내가 전날 저녁 9시에 가뿐하게 잠들었건, 일을 하다가 새벽 3시에 겨우겨우 잠들었건 해는 예외 없이 동쪽에서 떠오르고 서쪽으로 진다. 내가 지금 사용하고 있는 이 노트북을 집어 들고 밖으로 나가 하늘 높이 던진다면 0.1초 후에 이 노트북이 바닥에 내동댕이쳐질 것이다. 그 순간 갑자기 이 세상의 중력이 작용하는 걸 멈춰서 내 노트북을 구해줄 거라고 생각하진 않는다. 이와 같이 세상에는 우리가 "A라는 일이 일어나면 반드시 B라는 일이 일어난다"라고 철석같이 믿고 있는 몇 가지 명제들이 있다. A라는 원인이 있다면 필연적으로 B라는 결과를 불러올 거라는 인과관계를 상정하며, 이러한 명제들을 결코 깨지지 않을 법칙으로 받아들인다.

영국의 경험주의 철학자 데이비드 흄은 바로 이 대목에서 의문 한 가지를 제기한다. 우리가 A가 일어날 때 B가 반드시 따라 나온다는 인과관계를 상정할 때, 그 근거가 되는 것은 무엇인가? "사람은 물속에 들어가면 숨을 쉬지 못한다." 이 지극히 상식적인 명제 속에 담겨 있는 인과관계 — 사람이 물에 들어가면 숨을 못 쉬는 결과가 도출된다 — 를 한번 생각해보자. 사람이 물 안에 들어가면 공기가 없으니 숨을 못 쉬는 건 당연한 거 아닌가 하는 생각이 맨 처음 든다. 그런데 가만히 생각해보면 이게 그렇게 당연하지만은 않다. 아무리 똑똑한 사람이라 할지라도 태어나서 처음으로 물을 봤다면 그 안에서 자신이 숨을 쉬지 못하리라는 걸 과연 알 수 있을까? 아무리 뛰어난 이성을 가지고 있다 한들 직접 물에 뛰어들어 경험해보기 전까지는 물이 내 옷을 젖게 할 수 있다는 것도 모를 테고, 그 안에서 숨을 들이쉬어봤자 물만 먹을 뿐이라는 것도 모를 테고, 그래서 결국 공기가 있는 밖으로 나오지 않으면 숨을 쉬지 못해 죽을 것이라는 것도 모를 것이다.

다시 말해 "A가 주어지면 B가 반드시 따라 나온다"라고 하는 인과관계는 어디까지나 이성이 아니라 경험을 통해 깨닫게 되는 것이다. 그 인과관계가 아무리 필연적인 것처럼 보일지라도 말이다. 지구가 특정한 방향으로 자전하기 때문에 매일 동쪽에서 해가 뜨고 서쪽으로 지는 것, 중력 때문에 물건들이 아래로 떨어지는 것, 음식을 먹음으로써 우리가 영양분을 섭취하는 것. 우리는 과거부터 지금까지 수도 없이 이러한 일들을 경험해왔다. 그리고 이러한 경험이 쌓이고 쌓여 특정한 두 가지 사건이 우리 머릿속에서 단단히 엮였고, 마침내 A가 일어나면 반드시 B가 일어난다는 인과의 개

넘을 형성한 것이다.

흄은 이를 두고 우리가 인과관계를 형성한 근거는 반복된 경험, 즉 습관 내지는 관습이라고 할 수밖에 없다고 결론짓는다. 우리가 필연적이라고 믿는 법칙들은 사실 필연적이지 않다는 것이다. 그저 지극히 랜덤으로 벌어진 두 가지 사건이 임의적arbitrary으로 짝지어진 것인데, 이걸 수도 없이 반복하여 경험하다 보니 두 사건 사이에 필연적인 관계가 있다고 생각하게 된 것이라고 흄은 말한다. 실제로 우리는 내일도 모레도 예외 없이 해가 동쪽에서 뜨고 서쪽으로 질 것이라고 장담할 수가 없다. 이때까지 하루도 빠짐없이 해가 동쪽에서 뜨고 서쪽에서 졌으니까 그럴 거라고 예상할 뿐. 하지만 매일같이 이러한 일이 벌어졌다고 해서, 아직 다가오지 않은 미래에도 똑같은 일이 벌어질 것이라고 과연 확신할 수 있을까? 내일 갑자기 지구가 반대 방향으로 자전하기 시작할 가능성이, 그래서 해가 뜨고 지는 방향이 바뀔 가능성이 완벽하게 0%라고는 말할 수 없는 일 아닌가.

· (·

방탄소년단이 교복을 입고 나와 '상남자'를 부르던 무렵, 나는 유튜브 추천에 뜬 그들의 뮤비를 홀린 듯 클릭했고… 그때부터였다. 내가 주변에 "우리 방탄이들 좀 들어주세요"라며 영업을 시작한 건. 열심히 하는 건 두말하면 입이 아프고, 내 눈엔 당시 남자 아이돌 원톱이던 엑소에 견주어도 모자람이 없을 만큼 노래도 춤도— 그리고 얼굴도— 잘하는데, 이상하게 빵 뜨질 않았다. 그래도 계속 좋아했다. 그들의 새 노래가 나오면 안무를 따라 추고, 첫 콘서트가 열렸을 땐 친구들과 함께 티케팅을 하고 앨범도 열심히 사 모았다. 잘하고 또 열심히 하는 애들이니까 분명히 언젠간 성공할 거라고 기대하면서.

그리고 몇 년 후. 나는 방탄소년단이 한국 'MAMA'가 아니라 미국 'AMAs'에서 무대를 하는 걸 보고, UN에서 연설하는 걸 보고, 내가 그들의 앨범이나 콘서트 티켓을 사주지 않아도 전 세계 팬들이 몰려들어 동나는 걸 보게 되었다. 그들이 성공할 거라는 확신은 있었지만 그 스케일이 이 정도였을 줄이야. 방탄소년단의 성공은 내게 두 가지 생각을 불러일으켰다. 하나는 "빅히트가 진작 상장만 됐더라도…!" 하는 세속적인 생각이고, 또 하나는 "세상이 진짜 어떻게 바뀔지 모르겠구나" 하는 격세지감이다. 우리나라 음악 방송이 아니라 미국의 내로라하는 토크쇼에서 새 앨범 컴백 무대를 하는 방탄소년단의 모습을 내가 살아 있을 때 보게 될 줄이야… 이

때까지 한 번도 겪어본 적이 없어서 상상조차 제대로 할 수 없었던 일이 현실에서 먼저 일어나버렸다. 매번 예상을 넘는 스케일로 해외에서 성과를 내는 방탄소년단을 보면서 이해한다. "동양인 보이밴드라면 영미권에서의 성공에 한계가 있다"라는 '법칙'은 필연성이라곤 없는, 그야말로 습관에 근거한 추측이었다는 것을.

헬조선에서 산 지 어언 28년. 여전히 내가 바라는 이상향과는 거리가 있지만 불과 10년, 20년 전과 비교해보면 사실 거의 딴 세상 수준으로 바뀌었다. 문명도 발전했지만 사람들의 의식수준이 놀랄 만치 높아지기도 했다. 지금 생각해보면 당시엔 어떻게 그런 일이 상식으로 통했을까 싶을 만큼 예전의 이곳은 지금 이곳과는 굉장히 다른 모습이었음을 기억한다. 이런 걸 생각하면 탈출이 유일한 해결책인 것처럼 보이는 헬조선도 아예 포기해버릴 만한 세상은 아닐지도 모른다. 이제껏 계속 지옥 같은 세상이었다고 앞으로도 지옥일 것이라고 장담할 수는 없다. 흄이 말했지 않은가. 그런 결론의 근거는 습관일 뿐이라고. 그건 정당성을 입증받지 못한다고 말이다.

절대적일 것만 같은 자연법칙에 관한 믿음도 그 정당성을 입증받을 수 없다는데, 하물며 우리가 살아가는 사회에서야. 앞으로 좋은 방향으로 변화가 일어나지 않을 거라고는 아무도 확신할 수 없는 것이다. 그러니 도통 변화 가능성이 없을 것 같은 세계처럼 보일지라도 조금은 반전을 기대하며 살자. 지금은 결코 상상도 할 수 없을 긍정적인 변화가 언제 소리 소문 없이 찾아올지 모른다.

여성의 일상에서 바로 써먹는 철학의 기술 25
어떻게 살아야 할지 막막할 때 읽는 철학책

초판 1쇄 발행 2020년 4월 29일
초판 2쇄 발행 2020년 7월 20일
지은이 오수민

펴낸이 민혜영
펴낸곳 (주)카시오페아 출판사
주소 서울시 마포구 월드컵로 14길 56, 2층
전화 02-303-5580 | **팩스** 02-2179-8768
홈페이지 www.cassiopeiabook.com | **전자우편** editor@cassiopeiabook.com
출판등록 2012년 12월 27일 제2014-000277호
편집 최유진, 진다영 | **디자인** 고광표, 최예슬 | **마케팅** 허경아
외주 편집 문보람 | **외주디자인** 별을 잡는 그물

ISBN 979-11-90776-02-8 (03100)

이 도서의 국립중앙도서관 출판시도서목록 CIP는 서지정보유통지원시스템 홈페이지(http://seoji.nl.go.kr)와
국가자료공동목록시스템(http://www.nl.go.kr/kolisnet)에서 이용하실 수 있습니다.
CIP제어번호: CIP2020015744